在「哲學之道」欣賞櫻花隨川流載浮載沉宛若粉色「花筏」（詳情請見 98 頁）

「仁和寺」御室櫻散落亦美不勝收（詳請請見 102 頁）

「西芳寺」賞苔（詳情請參照 136 頁）

大原「三千院」的小地藏（詳情請見 72 頁）

屏息於「安樂寺」紅葉交織的滿面地毯（詳情請見 113 頁）

在京都，下雪請上「銀閣寺」（詳情請見 127 頁）

「正傳寺」超療癒的古樸庭園（詳請請見 177 頁）

欣賞古今相同的庭園——「清水寺」內「成就院」的「月之庭」（詳情請見 154 頁）

靜

●京都

おひとりからのしずかな京都

柏井壽——著

呂盈璇——譯

推薦序　這樣挺好的啊
——讀柏井壽《靜・京都》

凌性傑（作家）

朋友常問我，為什麼又去京都？我也總是反問，為什麼不是京都？喜歡京都需要什麼理由嗎？京都對我而言，是個巨大的能量場，是那種只要一想到就會讓人暗自微笑的地方。去京都不太需要行程表，認真地吃飯、洗澡、睡覺，好好地作夢，即是最愜意的安排。當然也有失心瘋的時候，為了造訪電影《明天，我要和昨天的妳約會》的拍攝景點，整天走路走到把腳後跟磨破。

然而，疫情蔓延三年，無法穿越國境，漫遊京都遂成想不得的事。無法去到現場，只好反覆讀著柏井壽的京都書寫，用閱讀經驗打造一個心靈的現場。這本

《靜・京都》反映疫情的影響，還給京都一個本來面目。幾乎沒有外國遊客的三年，古都少了人聲喧擾，更顯得安靜優雅。說來弔詭，這是我心目中最理想的京都，但當我重返京都之際，市區已經漸漸嘈雜起來了。這也無妨，喜歡找安靜的人感官知覺特別靈敏，總能去到清幽舒心的角落，隔著窗玻璃看旅遊熱點，人潮洶湧也成為風景的一部分。擁擠的人有他們的天堂，蕭疏的人有各自的樂園，誰也不妨礙誰，這是我喜歡的京都味。

旅行前，我常把幾個作家的京都書寫影印下來，裁切重要段落，黏貼在旅遊筆記簿上，像是帶著隨身的顧問。柏井壽、鷲田清一、韓良露、舒國治、李清志、蘇枕書、庫索的文章，就這麼陪伴著我一起旅行——賞花、看書、散步、吃飯、喝咖啡、進寺院，聽鴨川的流水聲。柏井壽的筆觸輕快幽默，是很會聊天的那種，讀他的文章我總想到遊台南必備的王浩一。京都在地感是什麼，柏井壽都知道。甚至，我被他的書寫鼓舞，在自己的家鄉高雄選個旅館住一晚，也是挺有趣的事。長年在京都生活的柏井壽，曾經介紹他住過的幾間旅館，我真想把這些京都旅館統統訂起來，也真想把我回高雄住過的旅館介紹給大家。

《靜．京都》跟我們聊的，無非是吃飯、遊逛、睡覺，以及這個城市帶給我們的感覺與想法。「漫步靜謐京都」、「探訪靜謐的神社佛閣」這兩章，以獨特眼光省視世俗或神聖的空間，在談論空間時一併交代時間（歷史掌故），連帶提及疫情造成的心理變化、景觀殊異。「摸清京都人的真正心思——京都的用字遣詞」、「品嘗靜．京都」這兩章，最能凸顯京都的氣味與精神。聽京都人說話，重要的往往是沒說出來的那個部分，柏井壽把這些「言外之意」毫不保留地說了出來，很會教人怎麼讀空氣（辨識氛圍）。如果去京都不知道吃什麼，「品嘗靜．京都」羅列的清單已經夠用了。

受到柏井壽此書影響，我近來把「這樣挺好的啊」當作口頭禪，藉此想像自己置身京都。不管遇到怎樣的事，要我勉強表達意見，我只能含蓄低調地說「這樣挺好的啊」。柏井壽提到，京都人常把「挺好的啊」掛在嘴上，然而說話的人究竟心裡怎麼想，不看現場氣氛真的無法得知（我心頭一驚，感受到現場氣氛仍無法得知對方心意不是更窘！）。「挺好的」到底好在哪裡，終究還是讓人一頭霧水。想起疫情前某年獨遊，過海關被開行李箱仔細檢查，海關人員本來一臉嚴肅，翻遍我的行李箱夾層（包括私密衣物）。精裝布面繡字的川端康成《古都》從內褲堆裡露出頭來，我急忙解釋，是這本書帶我來旅行的。海關人員嘴角掩飾不住一絲笑意，於是揮揮手讓我通關。不管這位海關人員是不是京都人，我想，這樣挺好的。

也喜歡柏井壽說的：「依依不捨是京都的一種習慣。」意思是說，京都人送客的方式充滿餘韻，每一次的相聚都留戀珍惜，因而發展出道別的諸多儀式，要目送對方直到他消失在視線範圍為止。二〇二三年二月，重返高瀨川旁一間熟悉的京料理（慶幸這家餐廳挺過疫情沒有倒閉），酒酣耳熱結完帳正要出門的時候，高壯主廚前來相送，他說認得我，三年前也是坐在同一個位置吃飯。來這家店超過七次，這是我第一次跟主廚說上話。我們在門口合照，互相加了ＩＧ。主廚九十度鞠躬目送，我用背影告訴他，下次見，這樣挺好的啊。

這樣挺好的啊！但願跟疫情有關的烏雲已經被風吹散，而柏井壽永遠那麼暖，那麼慷慨地把京都送到我們眼前。

前言

自從日本變更年號為令和後，京都就進入到一個動盪而紛擾的時代。動盪當然不只發生在京都，日本各地，甚至全世界都正輪番上演，彷彿在搭雲霄飛車似的，才覺得急速向上攀升，又突然如墜入萬丈深淵般俯衝而下。

年號令和始於二〇一九年五月，幾個月之後的秋天，整個京都遊人如織，觀光客的人數更是一路攀至巔峰。

櫻色滿溢的春天跟紅葉層層的秋天都是京都最熱鬧的旅遊旺季。歷經從昭和到平成的時代變遷，想一睹京都紅葉美景的人愈來愈多。如今回想起來，賞紅葉的巔峰應該是落在令和元年。

當時我人正窩在每次閉關趕稿都一定會住的飯店裡，整天關在房間裡寫稿，從房間的窗戶望出去，好幾座巨型起重機高聳入雲的畫面映入眼簾。

這些工地機具大部分是用來蓋新飯店的。

「京都的飯店根本就不夠用！」整個京都上從為了吸引觀光客不遺餘力的地方政府，下至觀光業者口徑一致地高聲吶喊，而日本國內外連鎖飯店集團也像在回應他們的召喚似的，紛紛進軍京都插旗展店。

四面八方傳來的震天價響的機具聲，哪來的什麼感受古都風情。外加觀光客在京都的大街小巷放聲喧譁。令和元年的京都秋天，整座城市都鬧哄哄的。

由於蓋飯店的進度遠趕不上觀光客到訪的速度，簡單的住宿設施「民泊」也剛好是從那時候開始如雨後春筍般興起。例如公寓大廈裡的一個房間或舊町家等，過去這些民宅畢竟都是居民在住的，但後來竟搖身一變成為出租給觀光客借宿一宿的地方，會發生糾紛也在所難免。

從早到晚充斥著大行李箱拖行路面的噪音，還有人們在屋外高聲談笑的聲音，使街頭更添喧鬧。巴士或地下鐵車廂裡吵鬧的程度也不遑多讓，京都所到之處充滿了噪音。

然而就在令和二年（二〇二〇年）春天，一切急轉直下，京都整個靜下來了。

別說噪音了，根本是鴉雀無聲。賞櫻勝地一個人影都沒有，過去人滿為患的京都車站安靜得像座鬼城。

每個京都人都在說，不知有多少年沒見過如此安靜的京都了。

不但聽得見鳥鳴，還有寺院的鐘聲。連櫻花飄落，樹葉摩擦的沙沙聲都聽得一清二楚。

這才是本來的京都。雖然疫情肆虐搞得大家人心惶惶，但看到京都恢復往昔的寧靜竟讓我有種鬆了一口氣的感覺。

但話說回來，即使不把一百年前西班牙流感拿來相比，眼前這場全球大流行再嚴峻也總有平息的一天。按照這個邏輯，總有一天京都會恢復原狀，再次回到人聲鼎沸的老樣子。

所以趁現在我來為各位介紹一些能窺見京都本來樣貌的地點、時間，還有它背後的小故事吧。除了春、秋兩大旅遊旺季以外，只要掌握好訣竅就可以靜下心來好好享受京都風光。但相對地，請別期待我介紹那些適合「打卡炫耀」的地方。

書裡寫的都跟時下「最具話題性」、「最熱門的」、「最難預約的」或「一定要排隊」的地方無關，也不是什麼能讓你發到社群媒體上炫耀的景點。

我甚至可以說書裡介紹的是卸下脂粉後的京都。我想將沒有刻意裝扮，日常的京都風貌透過文字傳達給各位。

我相信如果讀者將本書與本人的另一拙作《おひとりからのひみつの京都》（台灣版書名為《京都，再去幾次都可以！》，境好出版）兩本成套閱讀，必定能更深入了解京都。

京都這個地方，並不是「いけず（ikezu）」[1]一詞所象徵的是座排外的城市，而是一座溫暖接納旅人，溫柔包容的城市。

邀請各位舒舒服服地，盡情享受一個人的靜・京都。

1 關西地方用語，常用來形容京都人表裡不一愛說反話或使壞來刁難人。

目次

第一章

漫步靜謐京都

第二章

探訪靜謐的神社佛閣

第三章

摸清京都人的真正心思——京都的用字遣詞

第四章

品嘗靜・京都

*本書出現的店家、神社佛寺、名勝一覽的營業時間、參拜時間、公休日、票價可能會有異動。

第一章

漫步靜謐京都

京都本應是座靜謐的城市

書名之所以取名為「靜．京都」，某種程度也是向我的愛書致敬。隨筆散文名家大村重子女士[1]的著作《静かな京》（暫譯：靜謐之京，講談社出版）堪稱京都書寫的始祖，至今仍沒有任何一本京都旅遊指南能與之匹敵。

在「京都書寫」作品類型尚未被明確定義的彼時，大村女士留下許多著作，她同時也是提出當今「おばんざい（Obanzai，漢字番菜，京都傳統家常菜）」概念的料理人。如果只看《靜謐之京》的目錄，會以為它就像市面常見的京都旅遊指南那樣，但仔細閱讀文字後便會明白，它不僅是旅遊指南，還談論到深度欣賞京都之美的技巧，例如佛像或庭園鑑賞之道。

誓願寺的丈六阿彌陀如來座像是我最喜愛的佛像之一。祂那雙水晶佛眼時而慈愛，時而恐怖。我可以洞悉自己的心何時在波動——

這段文字出自〈清水寺〉中的一節。

當把這本書重新拿到現在這個時代讀，人們心中不免產生一個疑問，書中那個「靜謐的京都」究竟在哪裡？

或許不少讀者會認為，除非遠離市區去到偏遠的地帶，否則大概很難感受到靜謐的氛圍吧。

其實不然。

即使是許多遊客造訪的熱門景點，光是稍微錯開時間，你會訝異竟能邂逅如此寧靜的京都。因為，京都本應是座靜謐的都市。

1 〔一九一八～一九九九年〕生於京都市祇園的京料理研究家、隨筆家，筆名大村しげ。畢生致力於記錄、撰寫京都的飲食與生活及相關店家紀錄，出版多本著作。

我小時候，約莫五十多年前的京都幾乎可說是處處寧靜。鄰近的大阪，或學校旅行時造訪過的東京等大城市熱鬧得不了，待沒多久我很快就累了。即使當時還小，但的確有心累的感覺。

熱愛美食的雙親那時候常帶著我往大阪跑，為了吃那些京都沒有的平價又好吃的美食。

現在也一樣，大阪有北區和南區，繁華鬧區到處都有好吃的東西。京都如今雖被譽為美食之都，然而過去有句俗諺「穿倒在京都，吃倒在大阪」(形容京都人跟大阪人各自為了講究穿著跟美食散盡家財)，可見大阪在美食領域上獨占鰲頭。

確實以前一到周末，京都人就趕搭阪急電車或京阪電車往大阪跑。

我對美食是真的深深著迷，但是大阪的嘈雜實在讓我吃不消。

如果搭阪急電鐵的特急電車，通常會在梅田站下車往阪急或阪神百貨公司走，通道上到處都是人擠得水洩不通，噪音大到幾乎聽不到人說話。

其中最嘈雜的區域莫過於南區的心齋橋筋。

整條路上行人摩肩擦踵，人潮像巨浪般一波接著一波湧來，這種盛況對小孩子來說真是太可怕了。說來有點糗，以前每次從大阪回來的晚上，我常會整個人累癱，連晚飯都不吃直接就倒在床上呼呼大睡。

兩座城市之間沒什麼好比較的，但不知怎的回到京都總讓我有種鬆了一口氣的感覺，沒有什麼能比寧靜更令人感到安心。

當時京都市電[2]貫穿京都市中心循環運行，搭乘它幾乎市區內大部分地方都能夠抵達，不過卻很少看到車廂裡塞滿了人，總是空蕩蕩的，電車安安靜靜地在路面行駛。當然，也很少見到外國觀光客。

不管走在路上、神社寺院境內或電車裡，京都永遠都是安安靜靜的。尤其我平常走的路線真的非常安靜，大白天的有好幾條路幾乎連一個人影也沒有，這對一個小孩子來說是滿可怕的。

2　日本最早的路面電車，開設於一八九五年，由京都電氣鐵道負責營運。隨著一九六〇年代市內巴士、小客車的增加，必須依照軌道行駛的電車阻礙漸增，最終於一九七八年九月三十日全線廢止。

時至今日，仍有許多條路保留了過去的遺跡。

儘管現在京都的觀光旅遊業蓬勃發展，但它過去曾是一座支持許多優秀職人工匠與學生的城市。換句話說，京都是由過著平凡生活的市井小民們一手打造出來的。

寺院、神社自不待言，整座城市打從一開始就不是為了吸引觀光客而存在。這也是為什麼世人不應該將京都視為一座主題樂園。包括那些熱鬧的傳統民俗祭典也一樣，各位千萬別忘了，重點終歸在祭神，祭典不過是在神事之下的附屬活動。

靜謐的京都今日依舊悄悄地存在於京都市井小民的生活之中。

漫步靜謐京都就從今出川一帶開始

如果把京都比喻成一名女性，想必是位妝容精緻，大部分時間以和服示人，偶爾換著洋裝，走路姿態搖曳生姿的優雅淑女吧。

淑女若是遠觀，只在心裡默默讚歎倒也無妨，但如果想深入了解一親芳澤，會想一睹美人穿著日常便服，脂粉未施的模樣也是人之常情。

卸妝後真實容顏獨有的清麗光澤，抑或是褪下華服換上輕鬆便服後如釋重負的平靜安穩。這種渾然天成的自然美，京都自然也不少。

跟風去熱門的「觀光寺院」[1]，然後像被擺在工廠輸送帶般沿著指示路線，按圖索驥考證旅遊攻略上寫的所有知識，這樣也沒什麼不好，但如果想更貼近京都，就該採取下一步行動。

貼近京都最好的辦法就是用走的。決定好明確的目的地雖然也不錯，但漫無目的地隨意閒逛，京都的輪廓將更清晰可見。

至於路線嘛哪裡都行。搭乘京都市營地下鐵烏丸線，就在今出川站下車看看吧。地圖索性也不用了，直接邁開腳步隨處走走。

走在洛中不出幾分鐘，一定會看到簡樸靜寂的山門，或歷史悠久的神社鳥居。有些你甚至在旅遊指南上根本找不到它們的名字。

別猶豫，大膽走進去，你會發現意想不到的美麗風景。它可能是個狹小卻風雅的庭園，或靜謐氣氛繚繞的精巧古祠，雖然形式各有不同，卻實實在在彰顯出京都這座一千兩百多年歷史的璀璨古都。

京都旅遊指南最常見的狀況是流於過度的讚美，或是盡挑些容易被選入京都檢定[2]考題的寺院神社來介紹，這種欠缺宏觀視角的作法落入了資訊時代的陷阱。

用自己的眼睛去確認永遠是最好的。我舉的例子僅供參考，如果讀者漫無目的地在今出川一帶走走逛逛，肯定會有新發現。

1 熱門寺院對外開放設施，向不特定多數觀光客收取「拜觀料」（入場費），這類拜觀寺院常被稱為「觀光寺院」。

2 全名為「京都・觀光文化検定試驗」由京都工商會議所主辦，二〇〇四年起一年辦理一次。

三条通上的洋樓與看板

還有一些不為人知的美隱身在街角。這當然也是京都的真實風貌。讓我們再次搭上地下鐵，這次改在烏丸御池站下車好了。京都的街道呈現棋盤狀般整齊有序，只要把東南西北的方位確認好，就不愁迷路了。先來逛一逛三条通吧！

一邊散步一邊悠閒地欣賞街景，真實的京都風貌隨處可見。

首先是洋樓建築。你會留意到洛中隨處可見保留明治時代文明開化氣息的古老洋樓佇立在街頭，這似乎透露出京都人對時髦新事物的熱愛。雖然都是有年代歷史感的建築，但寺院神社的古色古香跟洋樓建築的唯美古典，風格大異其趣。

沃里斯（W.M. Vories）[1]、武田五一[2]、伊東忠太[3]等，能親炙大師建築工藝的珍貴經驗，只在京都有。

從平安、鎌倉、室町、安土桃山等歷代遺留在京都的古老社寺群中，明治、大正時代的現代建築脫穎而出，大放異彩。唯有親身走一趟，才能發現京都的真實風貌。

京都的美不僅體現在大型建築，在微小的事物中也能發現美，店家的招牌就是一例。光是邊走邊抬頭欣賞這些出自書法家或文人雅士之手的招牌，就是一大樂事。三条通到寺町通這一帶店家懸掛著不少老式招牌。

例如富岡鐵齋[4]、北大路魯山人[5]、武者小路實篤[6]等等。受到招牌上韻味十足的文字吸引而走進店裡，也是一種享受。

---

1 〔一八八〇～一九六四年〕建築家、企業家、虔誠的基督徒及傳道者。生於美國，後歸化日本改名為一柳米來留，在日本各地留下許多美麗的西洋建築及教堂建築作品。

2 〔一八七二～一九三八年〕建築家、建築學者，被譽為「關西建築界之父」。曾參與國會議事堂的建設與法隆寺、平等院等古建築修復。

3 〔一八六七～一九五四年〕建築學者，一生致力於日本傳統建築及亞洲建築研究，樹立建築史學這門學問，並參與明治神宮、平安神宮及築地本願寺等寺院神社設計。

街角的美不只停留在表面，美的體驗也一路延伸到店裡。京都許多老字號的店鋪，由裡到外都散發出優雅的美感，無論是店內布置、器具陳列及庭園皆美。

有別於神社寺院的寬闊庭園，附設在店鋪內的狹小庭園更凸顯出獨樹一幟的京都美學。時至今日，我仍對有「鰻魚睡窩」之稱的京町家能引入光線跟氣流的空間小宇宙感到驚奇不已。店主十分用心維護這一方僅供顧客佇足欣賞而非散步的庭園，也算是一種京都流的為商之道。

將目光從庭園移往座敷（鋪設榻榻米、接待客人的房間），發現床之間（凹間壁龕）擺放了素雅的插花，後方懸掛著掛軸或牌匾。店家擺出的藝術品，有時連美術館都相形見絀，

三条通上的家邊德時計店（鐘錶行）

讓人大飽眼福。一毛錢都不必花就能接受藝術饗宴的款待，只能說京都的店家實在太佛心了。

無論是街角小巧玲瓏的神社寺院、復古懷舊的洋樓、店裡的庭園或陳設，其共通之處都在質樸的京都。從中發現美的樂趣，正是漫步京都的精髓所在。

4 〔一八三七～一九二四年〕日本水墨畫家、書法家，他將水墨畫的筆墨情趣推至日本文人畫的最高水平，被譽為「日本最後的文人」。

5 〔一八八三～一九五九年〕著名全才藝術家，精通陶藝、篆刻、書法、漆藝及料理研究等，熱愛美食，曾擔任高級料亭顧問兼料理長，更親自研發製作餐具，將美學意識帶入飲食領域，創造日本獨特的食膳文化。

6 〔一八八五～一九七六年〕小說家、劇作家。集結文人雅士創刊文學雜誌《白樺》，後形成現代文學中的重要流派「白樺派」，武者小路實篤為代表人物之一。

蘊藏深奧魅力的京都店家

京都幾乎所有的店家都不是為了招攬觀光客而存在。這點很重要，包括食物也是。

悠閒散步後吃點好吃的，是京都散步的樂趣之一。

各位應該要吃那些能感受到京都本質，最正宗道地的食物，而不是加油添醋過的。

觀光客導向的店，跟京都在地人平常去習慣了的店之間有很大的差異，以下提供幾個辨別方式供各位參考。

首先是從外觀判斷。

如果各位看到店名跟販售的食物或食材上標榜「京」字樣，這八九不離十是專門開給觀光客或外地人去的店。畢竟店家實在沒必要對京都人宣稱自己是「京」。

還有在店門口鋪設紅布，撐起和傘搞得像舞台布景，裡裡外外刻意飄散「京都味」的店也一樣。這不過是從文字描述換個方式，改用物品刻意營造「京」的氛圍罷了。

總之，過度飄散「京都味」的店都是做給外地人看的，就是因為有這種濃妝豔抹的店家存在，京都最真實的風貌才愈被掩蓋。

你也可以從店家公布的營業時間去判斷兩者的差異。假設祇園某家西餐廳午餐只營業星期六、日及國定假日，想都不用想這種店絕對只做觀光客。

畢竟經營平日才更符合京都本地人的需求。專營假日的店都在發送「吸引觀光客這種只做一次生意的客人來就好」的訊號。當然，如果讀者本身就偏好觀光客取向的店則另當別論。

另一方面，京都人平常在光顧的店有以下幾個共通點。

首先，這些店的通常很低調沒那麼氣派。你幾乎嗅不出一絲積極攬客的味道。話雖如此，倒也沒有一臉高高在上謝絕生客，流露出令人不快的態度。這部分我會在第四章另行詳述，總之這些店家彷彿理所當然地開在那兒，京都人會頻繁光顧的都是佇立在城市一隅老老實實正經做生意的店家。

舉例來說，開在京都五大花街之一，上七軒通上的「上七軒 ふた葉」（上七軒双葉）。只見門口懸掛著毛筆字「うどん」（烏龍麵）、「にしんそば」（鯡魚蕎麥麵）的燈籠，完全找不到「京」在哪裡。儘管如此，你仍舊可從包覆窗戶的格子木條窗及茶色土牆辨識出京都特有的低調外觀。雖不像左京區岡崎的熱門名店那樣大排長龍，但口味上絕對不會輸。

稍微錯開正午用餐時間，不必預約直接走進店裡，點上一碗芡汁茶蕎麥麵盡情享用。這才是京都的日常美食。不過，每個月二十五日在北野天滿宮舉辦的市集「天神市」人潮眾多，還請各位多加小心。

上七軒ふた葉
（上七軒双葉）

京都市上京区今出川通り七本松西入る真盛町 719
075-461-4573
11 點～ 17 點（售完為止）
周三公休
※ 每月 25 日天神市緣日照常營業，另擇日補休

上賀茂的「稻荷桑」

一旦見識過未經裝扮的質樸京都，必定會吸引你一而再再而三回訪，每次回訪都有新發現。終有一天京都旅行會變成無限循環的莫比烏斯之環！

我就再多舉幾個城市散步的例子吧。

去還沒出名較隱蔽的區域走一走，經常會顛覆你先前對京都的印象。這些區域幾乎都是由世居在此的市井小民一手打造，且代代相傳至今。這種地方自然不太可能紅，也不能拿來打卡炫耀，即使拍照上傳社群媒體大概也不會有人來按讚。

但就是這樣才有價值，因為可以一個人獨享啊！

安安靜靜的京都城市散步，我最推薦的區域是洛北。

聯合國世界文化遺產「上賀茂神社」，其正式名稱是「賀茂別雷神社」，是洛北最名聞遐邇的景點，相信很多人都去參拜過。光是被列入世界遺產這點就讓神社境內永遠人山人海。從初詣（新年參拜）開始，春天的櫻花、初夏的新綠及葵祭，秋天的紅葉等等，一整年下來人潮川流不息，這裡絕對稱不上安靜。

令和二年（二〇二〇年）冬天，原本的鳥居前面又新建了一座大鳥居，令和三年（二〇二一年）初夏更改建了御薗橋，神社以嶄新的風貌來迎接參拜者。

穿過第一鳥居後，遼闊的草坪自眼前展開，通過正中央的參道，再穿過第二鳥居後，立砂[1]隨即映入眼簾，瀰漫出神社莊嚴肅穆的氣息。

跨越小溪，穿過樓門從中門朝本殿參拜。求得護身符或繪馬後結束參拜並踏上歸途。大部分參拜者的行程都類似這樣，現在我們一起過片岡橋去「片山御子神社」，俗稱「片岡社」看看吧。

這座「片岡社」是「上賀茂神社」二十四攝末社[2]之一，被認定為第一攝社。該神社主要祭祀賀茂別雷大神的母親——玉依姬命，她同時也是掌

「上賀茂神社」

管姻緣的著名神祇，相傳源氏物語作者紫式部也曾到此參拜祈福，是座歷史悠久的神社。

靜・京都在此於焉展開。走著走著「上賀茂神社」的喧囂逐漸遠離，不出一會兒你只聽得見鳥兒的鳴唱。

從橋殿沿著小溪走沒多久，會看到一座小攝社「賀茂山口神社」，神社前有片寬闊的庭園「涉溪園」。來到這裡，寂靜在空氣中緩緩流動，讓人感受到一股與表參道截然不同的靜謐氛圍。

庭園中最顯眼的是那棵巨大的長尾栲，樹齡超過三百年，從一棵樹延伸長成盤根錯節的好幾棵樹，故別名「睦之木」，據說能保佑闔家平安圓滿。

樹旁邊鎮有顆陰陽石「願石」鎮座，聽說只要誠心許願就能心想事成。

1 以日本遠古神代時期賀茂別雷大神最初降臨的神山為意象，堆砌而成的一對圓錐型白砂山。

2 神社本社以外受神社管理，位於該神社境內或附近的小型神社、攝社與末社的總稱，又稱枝宮或枝社。

從這裡往最左邊的山腳下望去，會看到一整排朱紅色的鳥居相連。明明是第一次看到卻有種似曾相識的感覺，是因為腦海中浮現「伏見稻荷大社」的千本鳥居。

因為有一整排圍籬相連，所以沒辦法從這裡走出庭園。此時請暫且回到細殿，再沿著山麓的小徑走。走到這裡幾乎連一個人影也沒有了。銜接著一整排鳥居的坡道前豎立著一根石柱，上頭刻著「二葉姬稻荷神社」。當地人親暱稱呼祂「双葉稻荷桑」，但即使稱得上京都通，或許也不知道「上賀茂的稻荷桑」的存在。

「涉溪園」的「願石」

稱呼祂為迷你版伏見稻荷不知會不會有點失禮。在和緩的坡道上，朱紅色鳥居層層相連，穿過一座又一座的鳥居爬坡而上，似乎有種自己愈來愈接近神的感覺。

這裡是「片岡山」，又稱「神宮寺山」，是座標高僅一百七十一公尺的小山。你應該沒想到從「上賀茂神社」的境內稍微走一小段，竟然會出現這樣一條鳥居相連的山路，可以抵達這麼一座小神社吧。

不知道穿過多少鳥居，視野頓時整個開闊起來，以五山送火中的「大」文字著稱的如意嶽盡收眼底。讓我們在這裡稍微歇歇腳，盡情享受眼前壯麗的美景與寧靜。

我其實住在這附近，也經常來參拜，但幾乎很少在這邊遇到其他人，這裡常安靜到有點嚇人。

眾神在這個狹小的空間裡，彷彿肩並肩地緊緊挨在一起。在這裡有座名為「八嶋龍神」的小祠，其右側還豎立著一根上頭刻著「御影龍神」字樣的石柱。此外，「天之斑駒神社」也在這裡，小祠、神社們相互擠在一塊。想必祂們以前都各自被祀奉在更寬敞的地方吧。

再往裡走就是我們的目的地「二葉稻荷神社」。

這裡高掛著寫有「稻荷大明神」的大紅燈籠。很多人會想，既然這裡供奉龍神，這附近難道跟水有關？沒有錯，這一帶過去曾經有個池塘「神宮寺池」，據說「八嶋龍神」就是在這裡找到的。當時池畔有座寺院「神宮寺」。

請輕輕閉上雙眼，遙想這裡當時的模樣，是否感受到一絲神祕的氣息？

「神宮寺」乃基於神佛習合[3]思想下附屬於神社的寺院，這裡似乎是古時守護「片山御子神社」的寺院。雖然寺院早已消失無蹤，但

「二葉姬稻荷神社」

「涉溪園」仍保有過去建造「神宮寺」的基石，想必當時寺院一定緊鄰著「片山御子神社」而建。據傳「涉溪園」是「神宮寺池」的舊址，而原本在那裡的「晴石」變成了「願石」。

相傳只要敲擊「晴石」雨就會停，而「雨石」則恰恰相反，只要敲擊「雨石」就會降雨，達到祈雨的效果。順道一提，這附近還有另一個「上賀茂神社」的攝社，是以燕子花聞名的「大田神社」，據說「雨石」就在「大田神社」的池塘裡。想必以前上賀茂一帶的居民碰到任何雨水問題，就會跑去向這兩顆石頭祈求吧。不降雨鬧乾旱令人困擾，但又怕下過頭洪水氾濫或山崩，看來人類自古就為了大自然的風雨無情而傷透腦筋呢！

在還沒有天氣預報跟氣象雷達的年代，一切只能靠老天爺。能像這樣邊散步邊

3 把日本本土的「神道」與外來「佛教」折衷融合成一個新的信仰體系，因此產生神前讀經，神體與佛像共同祭祀的特有現象。亦稱「神佛混淆」。

遙想古今，也是拜這條靜謐的散步路徑所賜。

話說回來，這座「二葉姬稻荷神社」近年因為颱風遭受嚴重毀壞，「上賀茂神社」不忍見其滿目瘡痍，發動募款助其修繕，故造就這一整排鳥居層層相連的壯觀景象。雖不及「伏見稻荷大社」千本鳥居的氣勢磅礡，但如果能超過百座，說不定可以變成另一個非常棒的觀光景點。我有預感這裡很快就會成為愛打卡炫耀的人鎖定的目標。請各位務必要趁人滿為患之前，來靜謐的「上賀茂的稻荷桑」一遊。

上賀茂神社
（賀茂別雷神社）

京都市北区上賀茂本山 339
075-781-0011
第二鳥居：5 點 30 分～ 17 點
樓門、授與所：8 點～ 16 點 45 分

片岡山緩坡好踏青

京都是一個被東、北、西三面環山的盆地。

因此冬天冷到骨子裡，夏天則被盆地特有的熱浪侵襲。儘管如此，京都相對來說還是比較舒服主要是因為盆地南面開口的關係。

只要天氣晴朗，即使寒冬還是有充足的陽光從南邊照拂京都盆地的每個角落。京都好就好在就算比叡山吹下落山風，還是能感受到冬日和煦溫暖的陽光。這種天氣很適合用京都人常說的「ほっこり」（意指暖洋洋的）來形容。

東山、北山、西山姿態雖各有千秋，但彼此間高度的差異不大，群山連綿的線條更顯柔美。

這條路線不若正式登山吃力，比較類似健行的延伸，但很多人不知道群山走起來其實意外地輕鬆。

我說的「京都一周健行路線」就是指這個。

總距離將近八十公里，除非是登山老手，否則很難一次走完全程。這條路線雖然還算好走，山的高度也不高，畢竟還是貨真價實的山，仍然得做好一定程度的準備，必須換上好走的鞋跟方便活動的衣物。

話說回來，到京都旅行挑一天用踏青享受徒步山林的樂趣，不但能發現嶄新的京都魅力，也是促進健康的一種方式。

接下來要介紹的不是什麼難度太高的行程，只是仿照「京都一周健行路線」，或從中挑幾段幽靜的路線來走。

這條路線是沿著先前介紹的「片岡山」的緩坡走，山路走起來十分愜意。從被視為「上賀茂神社」神體降臨的「神山」一路連接到「片岡山」山麓的緩坡，除了先前介紹過的「二葉稻荷神社」之外，還有好幾座在地人才知道的小祠，可以盡情徜徉在寧靜的洛北風光。

從「上賀茂神社」出發大約需要一小時，標高差距最多僅一百公尺左右，穿普通的球鞋就夠了。

即使相當程度的京都通也可能不知道「片岡山」的存在。就連住在京都的在地人，如果跟上賀茂沒什麼緣分，別說叫得出名字了，可能連山在哪裡都不知道。從「上賀茂神社」出發，行經剛才介紹的「二葉姬稻荷神社」，你會感受到漫步在洛北隱密村里的氣氛愈來愈濃。

無需從「二葉姬稻荷神社」原路折返，沿著東側下山的坡道走就行。就像在「伏見稻荷大社」一帶爬山，從伏見往「東福寺」方向的下坡路也是一條健行路線。各位可以把「上賀茂的稻荷桑」這條想成是「伏見往東福寺」路線的縮小版。「上賀茂的稻荷桑」路線雖然較短，同樣可以暢遊山林。

沿著東側石階下來的左手邊，路旁豎立著一根刻有「二葉神社」的石柱。從這裡開始路變得很窄，路寬僅容得下一台車通行，不過路況十分良好，行人也以可安心行走。

途中雖有幾條岔路，但只要記得一路往左再往左就不必擔心迷路。不過，這一帶都是寧靜的住宅區，要小心千萬別誤闖私人土地，拍照前也請注意別打擾到當地居民。

第一個目的地是「大田神社」。

初夏時節這裡的燕子花遠近馳名，應該很多人都知道，不過它也是「上賀茂神社」的攝社之一。

燕子花盛開的季節賞花客絡繹不絕，紛紛湧入搶拍池中綻放的燕子花，離靜謐的境界很遙遠。但花季以外的時間通常遊客不多，可以安安靜靜地參拜。

從這裡雖然還可以再往深山走，但走進去幾乎杳無人煙，較不適合一個人走。我建議先做好

「大田神社」的燕子花

功課，再約朋友結伴同行比較有意思。

另有一條以「大田神社」為起點，名叫「大田之小徑」的步道可以環山一圈。路旁有明確的立牌指示，不怕找不到路，但從那裡開始一路通往洛北岩倉及二軒茶屋一帶，可不是開玩笑的，是條貨真價實的山路，讀者千萬要小心別在山裡迷路了。

「大田神社」鳥居前的T字型街角有座小祠堂「福德神社」，是「上賀茂神社」的末社。神社雖小，卻是上賀茂區域舉辦農家元服禮（男子成年禮）「幸在祭」的神社，深受當地居民的愛戴。

男子滿十五歲稱之為「あがり」，這是個必須向山神、田神、氏神稟告自己已長大成人的重要儀式，由「福德神社」代代傳承守護至今，十分值得一遊。

穿過玉垣[1]左手邊會看到「大田神社」的池塘，然後繼續往東走。

1 環繞神社社殿或境內周遭的圍籬，玉垣之內是神域，將俗世區隔於玉垣之外。

不出多久，便會看見隱身在樹籬中的小瓦屋，低矮的石階通往其入口。竹編柵欄「枝折戶」緊閉著，柵欄之後是比「福德神社」規模更小的神社——「幸神社」[2]。

細節我不是很確定，但根據推測應是「鴨岡太神社」的論社[3]，這裡充滿著未知的謎團。另一座位於寺町今出川上方同名的「幸神社」，至今仍發揮鎮守京都鬼門的重要功能，日文讀作「サイノカミノヤシロ」（sainokaminoyashiro），亦可解讀為召喚幸福的神社，應該是有拜有保佑吧。

從「上賀茂神社」出發走到這裡應該花不到一小時，這只是眾多踏青路線中的其中一條，其他知名的寺院神社附近還有許多幽靜的路線等著你去探索。

大田神社｜京都市北区上賀茂本山 340
075-781-0907
自由參拜

2 日本有許多同名不同音的神社，這裡的「幸神社」日語讀音為「さいじんじゃ（saijinja）」。

3 兩座同名的神社，很難辨識哪一座神社是登錄在「延喜式神明帳」中的神社。記載在神名帳的神社為「式內社」；沒有記載的神社為「式外社」。

「大田神社」

散步遙想京都地名與職業的連結

京都地名的獨特之處，在於可以從町名或路名看出其描述的職業。

例如路名「〇〇屋通」或町名「〇〇屋町」，不過至今仍「名符其實」的事實上並不多。但奇妙的是如果一邊散步，一邊去意識到自己所在位置的町名跟路名，古都的昔日光景便不自覺地躍然眼前。

現在我們就來看看京都的町名究竟涵蓋了哪些職業。

以下是以日文五十音發音順序列舉。

賣糖的「飴屋」、賣線的「糸屋」、賣魚的「魚屋」、打鐵的「鍛冶屋」、金屋（鍛冶屋的別名）、賣麩的麩屋等各式各樣的店數都數不完，許多與業種相關的町名至今仍保存在京都的大街小巷。

也許是時代變了，有些業種現在需求少了，例如現已十分罕見的佛珠店「數珠屋」就經常出現在京都的路名或町名中。

提起京都，一定會聯想到寺院，而與寺院最密不可分的就是佛珠。從現存的幾家店還依稀嗅得出當時的氣息，從前這附近應該有很多佛珠店吧。而「東本願寺」附近分別有「上珠數屋町通」和「下數珠屋町通」兩條街道。

「下數珠屋町通」過了「東本願寺」後再往西走，路名會改成「北小路通」，而「油小路通」附近有個町的名字就叫做「珠數屋町」，由此可見當初這一帶一定到處都是佛珠店。

另外在「上珠數屋町通」北邊的「六条通」上，有個名字一目瞭然的「佛具屋町」。更有趣的是剛剛介紹過的「珠數屋町」的北邊，還有另一個名字一模一樣的「佛具屋町」。

有人可能會擔心，同樣都在下京區，而且這麼近距離之內有兩個名字完全相同的町，難道不會搞混嗎？此時，郵遞區號就派上用場了。

「烏丸通」附近的「佛具屋町」郵遞區號是600-8173；「油小路通」附近的「佛具屋町」郵遞區號則是600-8347，寫好郵遞區號就不會搞錯。

無論佛珠店或佛具店，近距離內竟有兩處一樣的町名或路名，怎麼想都覺得很不可思議，不過如果對京都很熟悉的人，或許已經察覺到原因了吧。

沒錯！因為「東本願寺」及「西本願寺」兩座大寺院各自有自己的佛珠店跟佛具店。即使同樣都是本願寺，東西之間在儀式作法上仍有微妙的不同，或許才因此有分立的必要。

此時不免讚歎京都真不愧是寺院之都！不過，京都還有其他不同的面向，那就是美食之都。京都滙集了包含京料理等各種美食，可想而知跟食物相關的地名自然也不少。

與上述佛珠、佛具地名相距不遠之處，還能看到像是「八百屋町（賣蔬菜的店）」、「麩屋町」、「米屋町」及「下魚棚四丁目」等一看就知道職業的町名都聚集在這附近。

你幾乎可以想見以前古人走在這一帶，空氣中一定瀰漫著好味道。

這些地名雖沿用至今，卻不代表這些店家如今還聚集在此處。不過，從這個町再稍微往西走，便可抵達實質意義上的京都廚房——京都中央批發市場，各式各樣優質的食材從日本全國各地聚集到這裡。

這絕非單純的偶然，好食材匯聚在此實屬必然。

如果用時下的觀點分析，說穿了就是因為人流都聚集在這一帶的關係。人潮的源頭事實上來自於前述的寺院。前來東、西本願寺參拜的善男信女人數十分龐大，要餵飽這些人的肚子勢必得準備大量的食材，因此食材大多聚集在這一帶販售。

佛珠店跟八百屋（蔬果商），乍看之下兩者似乎風馬牛不相及，實際上卻息息相關，京都的町名跟路名早已清清楚楚告訴我們兩者之間的關聯。

京都歷史散步

以吸引最多觀光客馳名的「清水寺」不遠處，有個叫做「轆轤町」的地方。「清水寺」附近自古就有許多窯廠，這裡燒製的陶器被稱為「清水燒」或「京燒」，是京都的名產之一，想買回去的人肯定不少。

轆轤是一種製作陶器的陶藝工具（陶輪），這裡因而獲得「轆轤町」的名字。原來如此，這種解釋每個人都能理解。

然而事實上，轆轤町曾經有過另一個名字。

雖然現在看不出任何遺跡，但過去「清水寺」一帶曾是被古人稱為「鳥邊野」的送葬之地。

在那個不比現在有火葬習慣的年代，人死理所當然不是土葬就是風葬，遺體必須運送至規定的地點——離洛中稍微有段距離的「鳥邊野」。天下太平無災無難時，遺體都能好好地被送到指定地，但是當瘟疫橫行或遭逢祝融必須搬運大量遺體時，這條路往往大排長龍擠得水洩不通。

當這種大塞車的狀況發生時，有些人便懶得將遺體運送到鳥邊野，半路把遺體丟下人就跑了。遺體被棄置在通往鳥邊野的松原通附近，任憑腐爛化為白骨，所以只要一颳起風，骷髏頭便到處滾來滾去。

因此才會發展出「髑髏町」這種地名，然而對居民來說這種名字實在太不吉利了，一直到近代（江戶時期）才把町名從「髑髏」改為諧音的「轆轤」。這地名背後的故事實在精采極了。

儘管京都瀰漫著優雅的氣息，但聚集了那麼多人在此生活，人多嘴雜自然糾紛不斷，經歷過重大火災的次數也不算少。此外，即使不提當前新冠肺炎疫情的例子，京都人口多，人與人之間往來頻繁，瘟疫蔓延的速度也快，過去也因此奪走許多條人命。

京都至今仍保有一些可以令人憶起送葬隊伍或透露亡者去向的地名。

前述的轆轤町，也就是原來髑髏町一帶，自古被視為冥界與陽世的分界，根據佛教教義稱之為「六道之辻」。

據傳白天在朝廷當差，晚上赴冥界供閻魔大王差遣的小野篁（八〇二～八五三年），就是經由這附近「六堂珍皇寺」的一口井，穿梭於冥界與陽世之間，這裡堪稱如假包換的陰陽交界。今日「清水寺」的參拜客把這一帶擠得水洩不通，絲毫察覺不出往昔的氣息。而這也是京都這座城市深奧又耐人尋味的地方。

從這裡再往南走大約十五分鐘，有條往東西向延伸的道路叫「正面通」。既然取名為「正面」，照理來說應該面向某個目標物才是。究竟這個目標物是什麼呢？要請大家來猜猜看。

謎底揭曉的關鍵在豐臣秀吉。

提到秀吉跟路名，第一個想到的會是「寺町通」。這條路是根據秀吉的京都大改造計畫來鋪設，沿著環繞洛中城牆的東側寺院林立，因而命名為「寺町通」，除了極少數的例外，該街區的風貌如今已人事全非。

另外還有一條出自秀吉意圖而命名的街道是「正面通」。它是一條介於五条通跟七条通之間，再從大和大路通到千本通東西向延伸的道路，恰巧位於「方廣寺」

的正面故得此名。

方廣寺如今蒼涼低調，但過去可是坐擁西國（近畿以西，中國、四國及九州地方）首屈一指的大佛，寺院香火鼎盛遠近馳名。這尊大佛當初也是根據秀吉的想法打造，據說是為了彰顯秀吉的無上權威。

寺院內這口由豐臣秀吉之子秀賴所修造的梵鐘，後來成為豐臣家走向滅亡的導火線，寺內至今都還留著這口梵鐘。

德川陣營一口咬定刻在梵鐘上的銘文「國家安康」、「君臣豐樂」將德川家康的家跟康分斷開來，且暗示了豐臣家才是主君，實在其心可誅。

這個近乎找碴的主張使豐臣家衰敗滅亡，然而緊鄰「方廣寺」建造的「豐國神社」，顧名思義是源自於秀吉死後的謚號「豐國大明神」。換句話說「豐國神社」是將秀吉當成神明祭祀的神社，而街道延伸到神社的正面，所以叫「正面通」。儘管大佛消失了，但成神後的秀吉卻被完整地保留下來。

京都雖然有不少以秀吉意圖命名的街道，但也有一些町名源自於平民的抵抗，例如「天使突拔」。這個在五条西洞院附近沿用至今的町名，是因秀吉不顧反對，硬是要開一條路貫穿「五条天神社」境內，因而遭致附近居民的反彈，為了讓後世知道當權者的愚蠢行徑，故意把町名改成「天使突拔」。

天使意指天神，當權者連天神都敢拔除貫穿，肯定會遭天譴的意思。

無論命名的緣由是好是壞，在今日京都的地名中隨處都可感受到秀吉強烈的存在感。

漫步「出水七大不可思議」

京都市裡流傳著好幾個「七大不可思議」。

當中以「知恩院七大不可思議」最具代表性，「二条城」、「下鴨神社」、「永觀堂」、「清水寺」及「上賀茂神社」等寺院神社也都各自擁有「七大不可思議」。

然而上述的「七大不可思議」都侷限於單一寺院神社內，能橫跨好幾座寺院的「七大不可思議」，只有「出水七大不可思議」跟「新京極七大不可思議」而已。

每個歷史悠久的城市幾乎都存在著這類「七大不可思議」，但我們不僅說故事，還能置身其中走一趟故事中的細節，享受城市散步的樂趣。

首先從「出水七大不可思議」開始。

也許我們先談談何謂「出水」會比較好。出水其實是一條東西向道路的名稱，大概是從烏丸通開始一路橫向延伸到七本松通為止。烏丸通西邊因為有一處湧泉，水量豐沛到經常造成道路淹水，自此便被命名為出水通。
這條路雖然地處京都市中心卻鬧中取靜，各位可以按照自己的步調依序走訪這七大不可思議。
「七大不可思議」從千本通一帶開始。
說是說「七大不可思議」，但實際上有些現在已經不存在了，或僅剩下殘存的遺跡，還有些不可思議不對外開放參觀，沒辦法每一個都親眼確認。
總之我們先從「華光寺」開始。這座寺廟過去在七大不可思議中占據兩大。有趣的是這兩大都跟植物有關。
其一為「時雨松」。據說無論天氣再怎麼晴朗，仍然可見雨滴從松樹枝的尖端落下，宛若及時雨。其二則是「五色之椿（山茶花）」。據說一棵山茶花樹能開出五種不同顏色的花朵，多麼珍貴稀有啊！遺憾的是松樹跟山茶花樹都已經枯死了。如果它們還在，肯定能吸引更多人來造訪吧。
接著來到華光寺對面的「光清寺」。這裡的不可思議雖然是複製品，但至少還在，我們依然可從中窺知一二。

光清寺
京都市上京区七番町 339
075-841-5630
※ 不開放拜觀

華光寺
京都市上京区出水通六軒町西入七番町 331
075-841-5807
9 點～ 15 點

來到光清寺內的「弁天堂」，請仔細端詳懸掛在這裡的繪馬，上頭畫有牡丹花跟貓。這是七大不可思議之一的「浮貓」。

現在雖然已遍尋不著當年的蛛絲馬跡，但過去這一帶曾經是遊廓（官方許可之的紅燈區），據傳繪馬上的貓只要聽到三味線的豔麗音色，便會浮出繪馬化身為遊女（娼妓）偷偷溜出去跳舞，住持在不堪其擾之下只好施法將貓封印在繪馬裡。

然而某一天夜裡，住持夢見一位相貌威武的武士站在眼前。原來夢裡的武士正是那隻貓的化身。住持看到貓兒再三討饒的模樣於心不忍，無可奈何之下只好幫貓兒解除封印。

從此以後貓再也沒有偷偷從繪馬中跑出來，但遊廓的遊女們聽聞後紛紛前來參拜，寺院的香火也愈來愈旺，能庇佑生意興隆財源滾滾的傳聞逐漸傳開來，信眾也因此愈來愈多。

接著是緊鄰「光清寺」而建的「五劫院」。這裡至今仍保存著不可思議的「臥釋迦」。

「五劫院」雖不對外開放，但是「臥釋迦」的所在位置就在寺院外頭，寺外就

觀音寺（今熊野觀音寺）
京都市東山区泉涌寺山内町 32
075-561-5511
8 點～ 17 點

五劫院
京都市上京区出水通七本松東入七番町 348
075-801-3927

能大飽眼福實在是太佛心了。站在側門前抬頭往上瞧瞧，螺旋狀木質紋理清晰可見。仔細凝視這一圈圈紋理，像不像是一個人正在睡覺？看起來像是頭朝右側臥的樣子。

這就是被稱之為「臥釋迦」的不可思議，側臥著的正是釋迦牟尼佛。因為面朝西方，代表朝向西方極樂淨土。讓我們在此雙手合十誠心祝禱吧！

最後一站是「觀音寺」。

被收錄在「七大不可思議」之一的是這座寺院的山門，俗稱「百叩之門」。這扇用一整片樟樹木板造的門，據說是從過去桃山大牢（伏見城）拆下後再安裝到寺院的。相傳當年關在大牢裡的罪犯要被釋放時，必須先在這扇門前叩門一百次後才能獲得赦免，故名「百叩之門」。或許是罪人的憤慨吧，寺院自從裝上這扇門之後，每到夜晚門附近都隱隱約約地傳來啜泣聲。慈悲的住持於是發願斷食百日，期間持續不斷誦經念佛後，啜泣聲忽然就此消失了。

這一帶寺院都流傳著這類不可思議的傳說，其他還有如「福勝寺」的「左近櫻」[1]、玉藏院的「幽靈掛軸」[2]、「地福寺」的「日限藥師」[3]、「極樂寺」的

玉藏院 京都市上京区七番町 326
075-811-3954

福勝寺 京都市上京区出水通千本西入七番町 323-1
075-841-5818
5 點 30 分～ 16 點 30 分
※ 僅每月 1 日、16 日開放拜觀

「三門」[4]及「金谷水」[5]等傳說，至於究竟哪幾個能被選入「七大不可思議」就不得而知了。

其實不只出水，畢竟「七大不可思議」的「七」這個數字聽起來相當順耳，倒不見得真的只有七個不可思議。

極楽寺 京都市上京区七本松通出水下ル三番町 282
075-811-0807

地福寺 京都市上京区七本松通出水下ル七番町 356
075-841-7630

1 相傳為後西天皇自京都御所的左近櫻分株至福勝寺種植，品種為牡丹櫻。寺院不開放給一般大眾，但可從路邊遠眺寺內左近櫻的蹤跡。

2 玉藏院曾經藏有一幅人稱幽靈畫始祖，江戶時代中期畫家「圓山應舉」的畫作，別名「應舉的幽靈」。畫中將罹患肺癆衰弱垂死的遊女描繪得栩栩如生宛如幽靈顯現，據傳該掛軸在數十年前的某一天突然消失，如今只剩下掛軸消失前寺方所拍攝的照片。

3 指地福寺供奉之本尊藥師如來。該寺以治療耳疾聞名，信眾只要找到天然有洞的石頭穿過五色線供奉佛前，自己決定好祈願的日數，祈願期滿耳疾便可痊癒，故稱「日限藥師」。

4 極樂寺的山門有一大門左右各開一扇側門，門有三道故稱三門。一般寺院山門只開一扇側門。

5 來自於極樂寺內一口名為「勝井戶」的井，因極樂寺山號為金谷山，故名金谷水。該水曾是一五八七年豐臣秀吉於北野天滿宮舉辦之大規模茶會「北野大茶湯」的指定用水。

漫步「新京極七大不可思議」

相較於「出水七大不可思議」，「新京極七大不可思議」發生的舞台在一條熙來攘往的熱鬧街道上，其中有不少京都特有的奇聞軼事，請各位錯開觀光旺季，一定要親身來這裡走一趟。

新京極通是明治時代才開拓的，在京都市內屬於相對較新的道路。所謂的京極指的是古代平安京時期東西邊的極端，換句話說就是盡頭，平安京東邊的盡頭東京極大路就是現在的寺町通。

新路比原本的東京極大路來得更東邊，故命名為新京極通。這條路剛修築完工時，芝居小屋[1]及見世物小屋[2]四處林立，這一帶被視為庶民大眾的娛樂場所，熱鬧非凡。

儘管當年的娛樂場所現在都不復存在，但新京極通仍留下一些當時的痕跡，而這一帶也因為有很多販售紀念品伴手禮的商店，故以學校旅行學生的必訪景點而知名。芝居小屋後面後來陸續蓋了不少電影院，以前我也常去那裡看電影，但後來幾乎都關門大吉了。

一方面新京極通距離寺町通很近，儘管是相對較新的道路，但也有好幾個自古流傳下來的「七大不可思議」。

新京極通介於三条通到四条通之間，街道的距離很短，從三条通進入新京極通後往南走，很快就抵達第一個不可思議。

從外觀一眼就能看得出新京極通是條和緩的下坡路。這裡又稱「たらたら坂」（喀拉喀拉坡）[3]，要說它哪裡不可思議？跟下坡的新京極通平行的兩條路——西

1 戲劇或歌舞伎表演的場所、劇院。

2 「見世物」意指雜耍把戲、展示珍稀獵奇的物品或活體供人觀賞的秀或娛樂戲碼，這裡是指觀賞這類節目的場所。

3 下坡時腳跟經常會磨撞到鞋子，發出喀拉喀拉的聲響，故名喀拉喀拉坡。

側的寺町通跟東側的河原町通，居然是平坦完全沒有坡度的。想想確實很奇特呢！

再往南走一點會抵達第二個「七大不可思議」，「誓願寺」的「迷路孩子指路碑」就在你的左手邊。

山門外一角石柱的正面刻有「迷子みちしるべ」（迷路孩子指路碑）的字樣。石柱右邊刻有「教しゆる方」（提供線索區），左邊是「さがす方」（尋人尋物告示區）。

這下子各位都看明白了吧。這就像是古代的協尋布告欄系統，尋找走丟的小孩跟遺失物時，只要在紙條上寫好要找的東西或要找的人的名字，貼在「尋人尋物告示區」；發現迷路的孩子或撿到遺失物時，便把資訊寫下貼在「提供線索區」。這一帶娛樂場所林立，因此走丟的孩子也很多。

「八坂神社」跟「北野天滿宮」也可以找到類似功能的石柱，分別為「月下冰人石」跟「奇緣冰人石」。它們都設置在人潮擁擠的場所，名字不盡相同但功能都是一樣的。

同樣也在「誓願寺」的「阿彌陀如來像」是第三個「七大不可思議」。

誓願寺
京都市中京区新京極桜之町 453
075-221-0958
9 點～ 17 點

日本最早進行人體解剖的漢醫學者山脇東洋（一七〇六～一七六二年）在某個夜晚做了一個夢，夢裡一位死刑犯宣稱自己是無辜被處死的。令人震驚的是該名死刑犯竟是自己解剖過的罪犯，他向東洋泣訴著自己因為五臟六腑遭人取走，所以無法成佛往生淨土。

東洋於是製作了一尊體內帶有內臟的阿彌陀如來像，並將該佛像安置在具備菩提寺[4]功能的「誓願寺」以撫慰亡靈。然而遺憾的是，佛像在蛤御門之變[5]中被燒毀，再也無法供人參拜。

第四個不可思議是「倒蓮華的阿彌陀像」。

收藏在「安養寺」中的本尊阿彌陀如來立像，底座的蓮花花瓣是朝下的。

據說當年阿彌陀如來立像雕刻完成後，僧人欲為佛像安座時，底座竟然裂開

4 可供家族共用墓地使用、代代皈依，舉行喪禮、法會祈求祖先冥福之寺院。

5 一八六四年一起發生在京都市區內，長州藩與幕府聯軍進行激烈巷戰的武力衝突事件，又稱禁門之變。

長仙院
京都市中京区裏寺町通六角下ル松ヶ枝町 471
075-221-5179
9 點～ 16 點（須預約）

安養寺
京都市東山区八坂鳥居前東入円山町 624
075-561-5845
8 點～ 17 點
※〈倒蓮華的阿彌陀像〉僅特別拜觀時開放參觀

了。寺方只好再準備一個新的，然而再次將佛像安上去時，底座又裂了。就這樣連續來回三次，某天夜裡阿彌陀佛在夢中顯靈說道：「有人說往生時男人的蓮花朝上綻放，但女人的蓮花因朝下綻放，所以無法往生淨土。為了證明女人也能往生淨土，把蓮花翻轉吧。」

「安養寺」自此便以「女人往生」聚集信仰。此外，遊客雖然可從窗外欣賞到「倒蓮華的阿彌陀像」的法相，但看不到翻轉的蓮花座，只有在特別拜觀時能一睹祂的風采。

第五個不可思議是「未開紅之梅」[6]，它被種植在以安置陰陽師安倍晴明座像聞名的「長仙院」春日大明神前。這棵神奇的梅樹在花苞階段明明是鮮紅色的，卻能綻放出純白的梅花。

第六個是沒什麼不可思議的「不可思議」——「和泉式部塔」，蓋在由和泉式部[7]擔任第一代住持的「誠心院」。但說來弔詭，「和泉式部塔」雖被列為「七大不可思議」之一，但是去探討它究竟哪裡不可思議這件事本身，就很不可思議。

第七個不可思議是「染殿院的地藏尊」，它的不可思議又在何處呢？聽說一方

染殿院
京都市中京区新京極通四条上ル中之町 562
075-221-3648
10 點～ 18 點
周二、三公休

誠心院
京都市中京区新京極通六角下ル中筋町 487
075-221-6331
7 點～ 18 點（御朱印 9 點～ 17 點）

面這是一尊赤裸的地藏菩薩像，再者據傳這尊菩薩像是由空海[8]大師雕刻，故被視為祕佛[9]。聽說立像約有兩公尺高，真希望我有機會能至少去參拜一次。

每個「新京極七大不可思議」流傳下來的故事，都很有意思呢！

6 梅花的品種，紅梅的別名。

7 平安時代中期的和歌歌人，生卒年不詳，著有《和泉式部日記》傳世，並與《源氏物語》作者紫式部、《枕草子》作者清少納言並稱「王朝三才媛」。

8 〔七七四～八三五年〕平安時代初期的得道高僧，於八〇四年曾以遣唐使的身分入唐求法，歸國後開創真言宗，諡號弘法大師。

9 平常不公開，只有在特殊日子才開帳的佛像，多安置於佛龕或密室。

邊走邊看京都「街角信仰」

走在京都街頭，總是會出現許多引人注意或在意的事物。例如祀奉在小祠堂裡的地藏菩薩。

如果你人在京都舊城區[1]，無論這個町有多小，巷弄間肯定至少有一處祀奉地藏菩薩的地方。地藏菩薩脖子上的圍兜不但經常換新，佛前的供花也從來不曾枯萎。至於是誰在照料地藏菩薩呢？其實都是居住在這個町裡的某個居民。守護孩童的地藏菩薩就由大家共同來守護，向來是京都人的優良傳統。

各位在京都散步時如果遇到地藏菩薩，不妨停下腳步觀察一下，很快就能分辨出眼前這個人是遊客還是在地人。

那些會停下腳步雙手合十或行禮致意，絕對不會大喇喇走過去的通常都是在地人。當然，現在的年輕人不一定都會這麼做。

自古以來京都人都有「孩子是寶貝」的觀念，對守護孩童的地藏菩薩心生崇敬也是必然的。京都人崇敬地藏菩薩的最大體現，正是盂蘭盆會結束後在京都各個町所舉辦的「地藏盆」。這是我小時候每到暑假最期待的活動，儘管每年八月底的地藏盆也有接引亡者法事這類令人感傷的活動。

地藏菩薩是人們最親近的神明，京都人從小就被教導要懂得崇神敬佛。屏除那些困難的教義，地藏菩薩以佛像的形式存在並守護著我們。自然而然也就學會了禮敬神佛。

小時候分不出來神道跟佛教的神祇哪裡不同，對小孩子來說，不管神社或寺院在某種意義上都是一樣的。經過寺門前或穿過神社鳥居時，都已經養成了虔誠行禮的習慣。

1 舊城區的定義眾說紛紜，主要是根據不同時期行政區域劃分方式的不同而變遷，舊城區大致包括現在的上京區全區、中京區與下京區千本通到大宮通以東，東山區的西北部，以及左京區、北區、南區各一小部分。

不只街角的地藏菩薩受到崇敬，悄然佇立在寺院裡的地藏菩薩同樣深受京都人的喜愛。

有別於一般佛像，洛北大原「三千院」裡有著被爬滿苔蘚的庭園同化了的可愛地藏，還有同樣在洛北的「圓光寺」石佛等，各地寺院都能見到這些親切的地藏菩薩也是京都的一大魅力。

京都的傳統在遇見地藏菩薩時，首先要雙手合十感恩，然後再祈求孩子及家人平安健康。

與地藏菩薩的視線等高，或者站略低於地藏菩薩的位置，再抬頭仰望時會看到地藏菩薩不同的風貌。

至於那些擺放在一般民家屋簷上的瓦製雕像則是鍾馗。

鍾馗原是來自中國的神明，乃驅魔辟邪的象徵，傳入日本後被推崇為消災解厄的守護神。日本各地在端午節時有裝飾五月人形[2]的習俗，但據說只有在以京都為中心，從近畿到中部地方的部分區域，習慣一年三百六十五天都把鍾馗擺在屋簷上消災解厄。

三千院　京都市左京区大原来迎院町 540
075-744-2531
9 點～ 17 點
冬季 11 月，8 點 30 分～ 17 點
冬季 12 ～ 2 月，9 點～ 16 點 30 分

圓光寺　京都市左京区一乗寺小谷町 13
075-781-8025
9 點～ 17 點

相傳京都從前有一戶藥商在自家屋頂上鋪設鬼瓦（獸面瓦），不料對門住戶卻突然開始生病。麻煩的是病遲遲不見好轉，而且愈來愈嚴重。

這戶人家認定是對門鬼瓦作祟，於是把聽說比鬼更強的鍾馗大人給請上屋簷坐鎮驅鬼，病人奇蹟似的立刻不藥而癒，自此開始有了在屋簷安置鍾馗像的習俗。

鬼瓦原本也是為了辟邪擋災才鋪設的，而被鬼瓦擋下來的災厄，又再一次被鍾馗大人擋掉。如果每戶人家安置鍾馗像的方位都相衝，同樣的災厄可能一而再再而三地重複發生。因此後者在安置鍾馗像時，方位一定會稍微跟前者錯開，不能跟對門相衝。如果仔細觀察西陣一帶的老宅跟商店，應該會發現那裡的鍾馗像視線絕不會相對。這是京都人之間的默契。

在京都散步時如果迷路了，有個不依賴谷歌地圖也能辨識出方位的方法。

2　五月五日男童節祈願家中男孩健康成長所陳列穿著鎧甲的人偶。

不管是民宅、商店或大樓，只要看看建地的角落如果有種植柊樹或南天竹，那裡指的肯定是東北方。

由於東北方為鬼門，京都人會種植鬼討厭的葉片帶刺的柊樹，或種植發音接近「災難反轉」（難が転じるnan ga tenjiru）的南天竹（nanten）。如果沒有種樹，一般會在建地的角落撒上白砂淨化空間，或去掉角度設計成斜切等。照理來說一定會想辦法封印鬼門。要留意的是，上述的方法也同樣被運用在被視為內鬼門的西南方。

京都人悉心守護街角信仰到這種程度，漫步京都街頭便能深深感受到京都人信仰的對象並不侷限於明確的神佛。

「圓光寺」的地藏菩薩

町家的小守護神——鍾馗

安靜品嘗好咖啡

走累了，就到喫茶店歇歇腿喘口氣吧。

京都這陣子掀起了一股咖啡熱潮。

咖啡這種一般飲品掀起熱潮的這種說法，感覺好像有點怪怪的，應該說咖啡專門店一下子多了好多間，走到哪兒都是排隊的人潮，咖啡受歡迎的程度可見一斑。

關鍵在於「こだわり」（講究、堅持）。

講究咖啡豆的品質，講究烘豆手法，講究研磨方式，講究沖泡方法，顧客似乎都聚集在這些處處講究永不妥協的店家。

「こだわり」一詞日文原意為「拘泥」，本身並不帶有表揚的意涵，過去曾經是個貶義詞，但曾幾何時已經變成了讚美之詞。

「要是拘泥在這種小事上可是成不了大事的唷」才是它原本的語法，語言的意涵也會隨著時代而改變。

不說這些了，先把話題拉回京都的咖啡吧！長年盤踞咖啡界王者寶座的是「イノダコーヒ」（INODA COFFEE）。不知從誰開始流傳「京都的早晨，就從INODA的咖啡開始」這種說法。

如果讀者抱著「去京都一定得先到『INODA COFFEE』朝聖才行」的想法，第一次去到「INODA COFFEE」點咖啡的人，肯定會大吃一驚。

為什麼呢？因為點餐時如果沒有特別說，送來的咖啡肯定已經加好了牛奶跟砂糖。

現在牛奶跟砂糖或許會另外附上，視狀況有時店員會在點餐時先詢問顧客想要怎麼加，不過對京都人來說，只要說到INODA的咖啡一定都是牛奶跟砂糖已經加好了的版本。

至於為什麼會這樣，說法眾說紛紜，但最有可能的應該是考慮到客人點好咖啡以後，就會開始聊天或讀報、讀書讀到入迷，咖啡涼了再加入砂糖的話會不好溶，所以才先幫客人加好。

イノダコーヒ本店 （INODA COFFEE 本店）	京都市中京区堺町通三条下ル道祐町 140 075-221-0507 7 點～ 18 點（最後點餐 17 點 30 分）

起初聽到這種說法時，我想起過去喫茶店總被視為對話或閱讀的場所，飲料充其量只是一種媒介。為了不打擾客人來喫茶店真正的目的，儘可能降低咖啡存在感的做法是店家的體貼。

對比今日的咖啡熱潮，現代人上喫茶店的目的似乎完全顛倒了。

如果客人真正的目的是品嘗好咖啡，會選擇以「講究」為賣點的咖啡店。但如果想享受愉快的咖啡時光，我比較推薦去「講究」藏在細節裡的店家。咖啡好喝但招牌高掛「喫茶」的這類老喫茶店最近似乎正流行，所以現在想不預約直接進店消費也愈來愈不容易了。

「フランソア喫茶室」（Francois）、「ソワレ」（Soiree）、「築地」，稱它們為京都三大老喫茶店應該不爲過。每一家都非常棒，但客人擠向熱門喫茶店的熱潮不減無一例外，一回神才發現，自己再也沒辦法安安靜靜坐在店裡好好喝一杯咖啡了。

到處都是人擠人的情況下，我想推薦一家本體是麵包店的喫茶店，創業於昭和二十八年（一九五三年）的「柳月堂」。

店鋪距離出町柳站非常近，是家長年深受在地喜愛的麵包店，店鋪的二樓兼營

名曲喫茶 柳月堂
京都市左京区田中下柳町 5-1 柳月堂ビル 2F
075-781-5162
10 點～ 21 點（最後點餐 20 點 30 分）

喫茶店。紅磚牆搭配玻璃格子窗，還有沉穩厚實的古董家具，店內的陳設跟當前主打輕盈明亮的時尚咖啡館截然不同，令人不禁眼前一亮。

店裡咖啡的選擇有：熱咖啡、冰咖啡、美式咖啡、咖啡歐蕾、維也納咖啡，一字排開既簡單又正統。「喝起來好溫和！」每次在這裡喝咖啡，我腦海浮現的形容詞永遠是這個。

這家店最有意思的地方在於，它將喫茶空間一分為二。一個是談話室，另一個則是音響室，也就是所謂的名曲喫茶。前者恰如其名，可以輕鬆愉快地聊天談話，後者原則上禁止談話，也不能使用電腦，甚至連穿脫外套都禁止的一個澈底安靜的空間。應該找不出哪家喫茶店能比柳月堂更安靜了。

再來介紹兩家可以安靜享受好咖啡的喫茶店，都在京都市中心的祇園。

祇園石段下「八坂神社」的西門旁邊，面朝四条通的店鋪是「祇園喫茶カトレヤ」（Cattleya）。這家店的周邊區域過去曾隸屬於「八坂神社」境內，你可以在這裡喝到用跟神社相同水脈湧出的神水所煮的咖啡。

一踏進店裡，瞬間被靜謐的氣氛包圍，四条通上的喧囂如夢境般消逝無蹤，真

祇園喫茶カトレヤ
（祇園喫茶 Cattleya）

京都市東山区祇園町北側 284
075-708-8670
周一～六・國定假日前的周日，10 點～ 22 點
周日・國定假日的周一，10 點～ 20 點
不定期公休

是太美妙了。

另一間是距離「南座」[1]不遠的「ラテン」（LATIN）。店鋪位於面向繩手通一棟商業大樓的一樓，三色旗招牌是它的標誌。用法蘭絨濾泡萃取的咖啡有種懷舊的味道，喝起來十分舒緩放鬆。不過這裡沒有刻意區分吸煙跟禁煙區，要是能完全禁菸就好了，但在老喫茶店享受吞雲吐霧的樂趣，也算是喫茶店的魅力之一吧。

1 京都四条南座的簡稱，為松竹株式會社（電影公司）的直營劇場。

ラテン（純喫茶 LATIN）
京都市東山区大和大路通四条下ル大和町 8
075-561-4245
11 點～ 19 點
周三公休

樂享紅茶芬芳

喫茶店雖名為喫茶，卻被咖啡取而代之成了主角，紅茶的存在感愈來愈稀薄想來實在可惜。

如前所述，對咖啡「講究」的咖啡店逐年增加，但是對紅茶「講究」的店卻不見增長。究竟是為什麼呢？

咖啡給人一種提神醒腦的印象；紅茶則帶給人放鬆舒緩的感覺。就寧靜這層意義而言，紅茶應該還是略勝一籌。

不過比起「京都和咖啡」，大家對於「京都和紅茶」印象很模糊，幾乎沒什麼人問過我京都哪裡喝得到好喝的紅茶。

再者，綠茶的需求一路攀升。只是近來幾乎都是用抹茶做成日式甜點，綠茶或抹茶本身倒沒有那麼受歡迎。

咖啡跟茶都是享受香氣的飲品，只是人們會被咖啡跟綠茶的香氣喚醒，但紅茶跟番茶一樣，人們覺得放鬆舒緩正因為它的芬芳，這一點跟咖啡有很大的不同。

我印象中很久以前有一首歌的歌詞唱到「紅茶好喝的喫茶店」[1]。或許從那時候開始，紅茶就已經不再是喫茶店的主角了。咖啡好喝的喫茶店多的是，但如果問起紅茶好喝的喫茶店，似乎就得多想一下。這種狀況時至今日似乎也沒什麼改變。

寺院巡禮走累的時候，就想來杯香氣撲鼻的紅茶放鬆一下。我來為大家介紹幾家適合這種時候的店家吧。

沿著距離「都七福神」[2]之一的「松崎大黑天（妙圓寺）」不遠的北山通走，有家從以前就深受京都紅茶愛好者鍾愛的店「北山紅茶館」。

平成七年（一九九五年）創業，當時地下鐵還沒有松崎站，獨棟的小木屋恬靜地在田園風光中遺世獨立，時髦雅緻的「北山紅茶店」在那個年代十分引人注目。

當時的京都跟現在一樣，很難找到一家供應正統紅茶的店，剛開幕時還一度成為京都人之間的熱門話題。

「北山紅茶館」用歷經時光淬煉恆常不變的平房跟紅茶的芬芳香氣，迎接每一

北山紅茶館

京都市左京区松ヶ崎雲路町 6-12
075-721-8586
10 點～ 19 點（最後點餐 18 點 30 分）
周三公休

位到訪的嘉賓。長型洋房店鋪兩面都有玻璃窗採光，店內屋頂的木梁也令人印象深刻，這種氣氛喝紅茶再適合不過了。我覺得喝咖啡待在昏黃幽暗的空間似乎無妨，但如果要喝紅茶，一定要在明亮的空間享用才行。

我推薦「北山紅茶館」的特調紅茶（Blend Tea），其獨特的花果香最能撫慰人心。跟司康一起點，更能凸顯紅茶的香氣。

當時我雖然被「北山紅茶館」喚起了紅茶魂，但在此之後就沒有什麼紅茶館能吸引我，於是我又回歸咖啡一族。直到「北山紅茶館」開幕後三年，我才在一次偶然之下，邂逅了一家十分出色的茶館。

1 歌詞出自日本八〇年代金曲〈Hello．Goodbye〉由玉女偶像歌手柏原芳惠於一九八一年翻唱後成為紅遍大街小巷的神曲。

2 京都市內七處寺院神社組成的七福神巡禮札所，京都是七福神巡禮的發源地，歷史悠久。都七福神為惠美須、大黑天、毘沙門、弁財天、福祿壽、壽老人與布袋尊。

「銀閣寺」附近恰巧有間我每個月固定會去吃一次的餐廳，我在那家餐廳附近發現了茶館「アッサム」（TEA HOUSE ASSAM），從此以後我幾乎每次用完餐都會順路去喝一杯美味的紅茶。

這裡的紅茶好喝自然不在話下，店內外的布置也深深吸引著我，山花野草把店內空間妝點得一片綠意盎然，還掛著一塊牌子上頭寫著普魯斯特的經典名著《追憶似水年華》中的一段話。

「アッサム」（TEA HOUSE ASSAM）後來搬遷到鹿谷通跟哲學之道之間的狹長小徑上的現址，在這個跟老店相比毫不遜色的時髦空間裡，你可以愉快地享受芬芳甘醇的紅茶。

綠意盎然的景觀跟挑高的設計，讓原本就明亮的空間更加清新舒爽，點一壺皇家奶茶最是相得益彰。雖然店家手工精心製作的蛋糕也很推薦，但我從這家店還在原址時，就十分喜愛這裡的奶油烤布蕾，每次來都一定會點。建議各位到哲學之道散步時順道來這裡坐坐。

另一間我想推薦的是坐落於洛北紫竹住宅區，一家外觀呈現町家建築風貌的特

STARDUST
京都市北区紫竹下竹殿町 41
075-286-7296
11 點～ 18 點
周一公休

ティーハウス
アッサム
（TEA HOUSE ASSAM）
京都市左京区鹿ケ谷上宮ノ前町 53
075-751-5539
13 點～ 17 點
周四公休

色店「STARDUST」。大宮通跟玄以通交叉口這一帶顯少有觀光客造訪，古民家翻新改造而成的「STARDUST」恰巧在這附近，外觀不起眼到路過一不小心就錯過了。

一腳踏入店裡，隨即被店裡舒服沉穩的空間感包圍，可以在這裡度過一段愉悅的京都紅茶時光。

店鋪的深處是咖啡館，前方主要是銷售紅茶茶葉的空間，兩邊的細膩度及高質感都令人驚豔，雖然客人絡繹不絕極受歡迎，但還是可以在此度過寧靜的時光。

「上海的記憶」這款來自法國的紅茶是我的最愛，強力推薦給大家買茶葉回去當伴手禮。此外，咖啡館採預約制，出發前別忘了訂位。

「アッサム（TEA HOUSE ASSAM）」的奶油烤布蕾

洛北紫竹的日常美感體驗

不知道從何時開始，有一種潮流叫作「藝術浪潮」。

長長的排隊人龍最尾端總有個工作人員舉牌，上頭寫著「入館尚需兩小時」。想進美術館看展，還得先花上很長的時間排隊才行。這種奇怪的流行因為疫情而有了轉變。為了避免群聚，採取預約制的館所也愈來愈多。

雖然說此舉絕非壞事，但不管去哪裡都得先預約，難免覺得掃興。

漫步在京都街頭，隨意走進一間吸引你目光的美術館。出乎意料的美隱身其中，格外動人心弦。如果能邂逅這樣的美術館或博物館，不知該有多麼美好。

我認為藝術這種東西，原本就不該是什麼一時興起的熱潮，然而現在這個時代，主辦者——美術館本身，似乎就是以掀起熱潮為目的。

但儘管趨勢如此，依舊能淡然走出自己的路的美術館或博物館是凜然優雅的。

例如以下要介紹的「高麗美術館」。

它坐落於洛北「上賀茂神社」不遠處，建議各位可在參拜的回程順道造訪。朝鮮半島的藝術乍看之下跟京都沒有任何關聯，但參觀後我才發覺，兩者之間事實上有緊密的連結。

從「上賀茂神社」附近的御薗橋往南步行約三百公尺處的「高麗美術館」，很可惜沒有全年開放。冬季長期休館，展覽也大多是期間限定的特展，出發前必須先做好確認。

我曾在二〇二一年參觀過「朝鮮的佛教藝術」以及「MICROCOSMOS小宇宙——螺鈿與鑲嵌的世界」兩個特展，無論哪一個展都得能近距離欣賞到其他地方看不到的瑰麗藝術品。

二〇二二年特展「集合！朝鮮王朝的動物畫」從四月一日起至八月二十一日截止，想必是個很特別的展覽。

今日我們在讚歎日本文化之美的同時，這座幽靜的美術館正悄悄向大眾傳達一項訊息——日本文化之美的其中一部分是從朝鮮半島遠渡重洋而來。如果各位來京

高麗美術館

京都市北区紫竹上岸町 15
075-491-1192
10 點～ 17 點（最後入館 16 點 30 分）
周三公休（若遇國定假日則次日休館）
※ 暫時關閉至 2023 年 3 月底

都的時間剛好搭得上，這裡絕對值得一遊！

美術館的所在地也保存了不少秀吉當年建造的御土居[1]，這代表此處是洛中的北方。如今這裡雖然是僻靜的住宅區，但這幾年附近開了不少風格獨樹一幟的店，成為新一代京都頗受歡迎的區域。

它沒有下鴨一帶的高級住宅區感，這一區住宅、學校及商家混合，整體散發出一股恬靜沉穩的氣氛。

一直到前陣子為止這附近都還有錢湯，遺憾的是也受到疫情影響而結束營業。之前我常去錢湯，所以覺得很捨不得，寫出來只是想讓大家知道這一帶曾經有過這樣的地方。

還有一些老式公寓跟幾處舊町家建築的連棟長屋。這種利用舊町家改造的店在紫竹這一帶有好幾家，營造出濃厚的復古摩登氣質。

「高麗美術館」後方沿著北邊小路一路往西直直走會抵達大宮通。大宮通西北角方向有家麵包店叫做「かめや」（KAMEYA），小而美的店舖深受在地顧客的喜愛。

京都人有多愛吃麵包大家都知道，但我發現最近新麵包店的熱潮似乎正逐漸升溫。要嘛早早銷售一空，再不然就是大排長龍拼比人氣。但其實我們京都人還是最喜歡在自家附近尋找合自己口味的麵包店，找好幾家口袋名單後輪流購買，京都人是用這種方式享受開心的麵包時光。

這種消費方式不僅體現在麵包店上，京都人從以前就沒興趣追趕那些時下最受歡迎，或討論度高的爆紅美食。「かめ

「高麗美術館」

1 豐臣秀吉為防禦外敵、防止鴨川氾濫以保護京都市中心而建的土壘堤防，範圍東至鴨川、北至鷹峰、西至紙屋川、南至九條，全長約二十三公里。

や」（KAMEYA）正是不盲目趕流行的京都人會愛的那種麵包店。

再繼續往西走，很快就會看到一家由舊町家改造，門前擺放著花卉植栽的花店。這家花店叫「La. vie ふらわぁ」（La. vie Flower）（註：店家已於二〇二二年十一月三十日宣布永久停業。）我每周都固定會來這裡買花。

只將它當成花店純欣賞當然也很賞心悅目，但買點乾燥花或小巧精緻的花圈作為京都旅遊的回憶或伴手禮饋贈親友，倒也不失為一個好主意。

還有一間花店……究竟要不要稱這家店是花店，著實讓我小小傷了一下腦筋。從「かめや」（KAMEYA）往南走，過大宮通跟玄已通交叉口後往南再走一會兒，東邊轉彎就到了。「みたて」（Mitate）這家花店恰巧在先前介紹過的紅茶館「STARDUST」的隔壁，是一家我前所未見的花店。

走進店裡，與其說它是花店，倒不如說更像一間古美術店，陳列簡潔素雅，如果當成一般花店就這樣走進去，一開始肯定會滿頭問號。

不過，你馬上會被這份由店家精心打造，京都獨有的美感深深打動。

話說我個人初次踏進這間店時感受到的美學衝擊，彷彿被閃電擊中似的。當

京都パン処かめや
（京都麵包坊 KAMEYA）

京都市北区大宮南椿原町 144 チェリス前田 1F
075-492-3639
平日，7 點～ 19 點
六日、國定假日，7 點～ 18 點（售完為止）
周四公休

La.vie ふらわぁ
（La.vie Flower）
（2022 年 11 月 30 日已永久停業）

京都市北区大宮南林町 73
075-492-1171
10 點 30 分～ 17 點
周四公休（或不定期公休）

天我買下自己中意的節分裝飾，帶回家裝飾在玄關的那一刻，那一份美又再次感動了我。

花店空間小小的，平日皆採預約制，只有周五、六無需預約也可以參觀。「Mitate」設置了官網，有興趣的朋友可以事先上官網查詢注意事項再行前往。

這些擁有獨特世界觀透澈美學意識的店家，將京都的本質展現得淋漓盡致。連附近的紅茶館都試圖開發紫竹這個區域的可能性，我這個土生土長的京都在地居民看在眼裡，真的覺得很欣慰。

花屋 みたて
（花屋 Mitate）
京都市北区紫竹下竹殿町 41
075-203-5050
12 點～ 17 點
不定期營業，出發前請先確認官網營業 Calendar https://www.hanaya-mitate.com

「La.vie ふらわぁ（La.vie Flower）」

左邊是「STARDUST」，右邊是「みたて（Mitate）」

第二章

探訪靜謐的神社佛閣

巧妙錯開時間盡享京都風情

寺院神社的行程幾乎占京都觀光的大宗，無論去到哪個寺院神社參拜，都實在很難稱得上安靜。

雖然京都受疫情波及觀光客人數銳減，市區也恢復到昔日的寧靜，但總有一天會回到過去的榮景，想在那幾個被登錄為世界文化遺產的知名寺院神社度過一段寧靜時光的難度愈來愈高了。

然而就算人潮眾多，畢竟是世界級的京都文化遺產，絕對有造訪的價值，寺院神社再怎麼熱門，還是想找個安靜的時段一訪。

在此讓我跟各位分享一個在知名寺院神社度過寧靜時光的小技巧。

那就是「錯開時間」。

最近ＪＲ東海也開始以「ずらし旅」（錯開旅）為名，推薦這種錯開時間的旅

行方式，但事實上我從好幾年前開始，就已經在用「錯開時間，京都更盡興」這個關鍵詞來撰寫京都相關書籍。

造訪京都的人數暴增，飯店數量也急速增加，就我個人近距離觀察的結果，連我閉關寫稿時下榻在京都車站附近的飯店，房客的組成也大多是外國觀光客，這讓我體認到除非把時間錯開，否則你很難安安靜靜地在京都好好旅行。

同樣狀況發生在自己身上就很容易懂，難得一趟去國外玩，會想鎖定最佳旅遊季節也是無可厚非，換句話說旺季出遊碰到人擠人是必然的。所以說唯一的解方無非是自己把時間錯開。

祕訣在於「稍微錯開」就好。

例如櫻花季跟紅葉季，如果完全錯開時間可是連花瓣或葉片的影子都看不到，什麼樂趣都沒了。所以只要稍微把時間錯開就夠了。

以櫻花為例，雖然每年開花時間多多少少都有不同，但市區內大部分櫻花滿開的時間都落在三月底到四月初之間。可以試試把賞櫻時間稍微往後延。

一方面日本各級學校新學期剛開學，大概四月十日左右觀光客就會少很多。但即使到那個時間點，只要選對地點，欣賞到盛開櫻花的機率依舊很高。

春、夏、秋、冬，京都一年四季探索遊玩的方式各有千秋。我們又該如何錯開時間享受京都的四季？我希望各位讀者在閱讀本書的同時，可以在安排旅程時稍微思考一下這個問題。

春天在隱密的名勝賞櫻

首先從春天開始。

日文裡有句話「京の底冷え」用來形容京都冷到骨子裡。京都既非北國，也不是雪國，但冬季卻格外冷冽嚴寒。即使來自積雪甚深的東北地區旅人都說京都冷到發抖，寒冷的程度非同小可。

這也是為什麼京都人會對跨越嚴冬酷寒翩然而至的春天由衷感到歡喜。我在想京都人臉部表情最柔和的時節，應該就是春天吧。

京都話經常用「はんなり」（hannari）來形容一個人的氣質或衣著華麗典雅，或個性上明亮爽朗，據説是從「花なり」（hananari）一詞衍生而來。最適合以「はんなり」來形容的季節當然是春天，花的話自然是櫻花。

京都配櫻花，還有什麼能比這個組合更相襯的？

幾乎覆蓋了寺院山門的櫻花、枝條從鳥居深處延伸出來的櫻花，這些錯過可惜的櫻花開滿整個京都市區。

一提到櫻花，我想很多人腦海會立刻浮現出染井吉野櫻，不過京都的櫻花可不只染井吉野，還有日本山櫻、八重櫻（重瓣櫻花）、垂枝櫻花、富士櫻等各式品種，花形跟顏色都各異其趣。

不只櫻花的形體，京都的櫻花更以變化萬千的風貌示人。一整排櫻花樹、單棵櫻花樹、綻放在遠方山上的整片櫻花林，當然還有映照在河面上的櫻花。加上京都櫻花綻放的時期錯開得恰恰好，從早開到晚開的都有，只要懂得轉移陣地就能延長賞櫻的時間，這點也是在京都才有的福利。

京都各大街道從初春到暮春被渲染成一片櫻花粉嫩。那我們該選在什麼時間點、去哪裡欣賞京都的櫻花呢？京都的賞櫻勝地可謂應有盡有，任君挑選。

名氣還沒那麼大的佛寺或神社賞櫻勝地有「雨寶院」、「水火天滿宮」、「本滿寺」幾個選擇。要是想走賞花步道的話，有「哲學之道」或「半木之道」，無論哪條路線都能欣賞到河畔的櫻花。散落的花瓣在河面上緩緩流動，形成「花筏」絕景

水火天滿宮
京都市上京区堀川通上御霊前上ル
扇町 722-10
075-451-5057
自由參拜、0 點熄燈

雨寶院
京都市上京区智恵光院通上立売通上ル
聖天町 9-3
075-441-8678
9 點～ 17 點

美不勝收。特別是「哲學之道」旁疏水道的水向北流，所以可以在前往「銀閣寺」的參道上欣賞到雅緻的櫻花花筏。

只要出現在櫻花開花情報上的賞櫻熱門景點，到處都是人潮洶湧，跟「安靜」一點也沾不上邊。

但事實上隨處散步探訪無人知曉的櫻花，也是京都散步的樂趣之一。只是開花時間每一年變化都很大。或許是受到疫情影響，坊間訊息充斥的狀況較以往任何時候都要來得嚴重，櫻花花季訊息因而大量流傳。各季記得先確認好最新資訊，再出門賞櫻吧！

只有眾人引領期盼的春天一到，京都的街頭熙熙攘攘到處擠滿了人。

最能掌握季節變化的永遠是和菓子店。京都人都是從和菓子的造型跟配色去感受季節。即使是西式甜點的全盛時期，京都甜點的主角依舊是和菓子。

說到春天就想起女兒節人偶。極富盛譽的門跡寺院[1]「寶鏡寺」平時雖然不對外公開，但每年三月女兒節（雛祭）會舉辦人偶展（也有秋季展），期間可入寺參觀。寶鏡寺別名「人偶寺」，寺內還有人偶塚及龜鶴庭都十分值得一遊，各位一定

銀閣寺（東山慈照寺）
京都市左京区銀閣寺町 2
075-771-5725
夏季 3 月 1 日～ 11 月 30 日，8 點 30 分～ 17 點
冬季 12 月 1 日～ 2 月底，9 點～ 16 點 30 分

本滿寺
京都市上京区寺町通今出川上ル 2 丁目鶴山町 16
075-231-4784
10 點～ 16 點

要趁機來看看。

讓雅緻京都更添華美的，莫過於穿梭五大花街的舞妓與藝妓的豔麗身影。一到春天，花街會舉辦春季舞蹈公演展現平日努力鍛鍊的成果。祇園甲部、祇園東、先斗町、宮川町以及北野上七軒。五大花街分別以「都舞」、「鴨川舞」、「京舞」及「北野舞」輪番登場爭奇鬥豔，京都各大街道在此時瀰漫著雅緻的春日氣息。

春天同時也是京都展現平安時代風華的季節。

葵祭是京都三大祭中歷史最悠久也最具代表性的祭典。每年五月十五日，一群彷彿從平安時代穿越而來的京都人，從京都御所出發，浩浩蕩蕩走向被登錄在世界文化遺產的下鴨、上賀茂兩大神社，隨著悠揚雅樂行進在京都各大街道上的姿態十分優雅迷人。賀茂川的堤防，人稱「加茂街道」從北大路橋到北山大橋的路段，是這場遊行絕佳的欣賞地點。或者暮春時節於「城南宮」舉行的「曲水之宴」[2]，重現了平安時代貴族的風雅遊戲來歡慶春天的喜悅，建議各位不妨前往體驗這項古人的樂趣。

城南宮
京都市伏見区中島鳥羽離宮町 7
075-623-0846
參拜：9 點～ 17 點 30 分
神苑拜觀：9 點～16 點 30 分（結束受理 16 點）

寶鏡寺
京都市上京区寺之内通堀川東入ル百々町 547
075-451-1550
10 點～ 16 點（結束受理 15 點 30 分）
※ 女兒節人偶僅在舉辦人偶展時開放參觀

這種季節性的儀式祭典或活動千萬不要因為別人去就跟著去，最好是純然受到吸引才前往，如此一來更能沉浸其中盡情享受。

例如「今宮神社」的「夜須禮祭」[3]雖然名氣不大，但實際上相當有看頭，是我個人最推薦的春季祭典。

1 由皇子、貴族出家後所住或擔任住持之特定寺院。鎌倉時代後門跡被當成依寺院創立緣起、規模大小區分寺院格式等級的「寺格」，寺格位階高的寺院便被稱為「門跡寺院」。皇女擔任住持的寺院被稱為「尼門跡寺院」，寶鏡寺正是尼門跡寺院。

2 古代在皇宮或貴族宅邸於陰曆三月三日舉行的活動，源自於中國的「曲水流觴」。參加者坐在庭園的蜿蜒的流水邊，酒杯從上游順流而下，流到誰的面前誰就得吟唱詩歌並取杯飲酒的一種遊戲，又名曲宴。

3 為撫慰櫻花飄落時節（陰曆三月）出來活動的瘟神，今宮神社於每年四月第二個星期日舉辦鎮花祭，藉以祈求疫病平息無病無災。與鞍馬寺的鞍馬火祭、廣隆寺太秦牛祭並稱京都三大奇祭。

今宮神社
京都市北区紫野今宮町 21
075-591-0082
自由參拜
社務所：9 點～ 17 點

一個人獨享遲開的櫻花

御室的「仁和寺」是京都遲開櫻花中的代表。以個頭小親近人著稱的「御室櫻」在每年四月中旬盛開，花期可到二十日左右。

洛北「鞍馬寺」的櫻花同樣以晚開著稱，各式各樣的櫻花從四月上旬到下旬左右競相接力綻放。

「鞍馬寺」建在據傳為牛若丸[1]修行地的鞍馬山上，鞍馬山的櫻花有「雲珠櫻」的美譽。「雲珠櫻」並非特定的櫻花品種，而是形容櫻

「仁和寺」與櫻花

仁和寺
京都市右京区御室大内 33
075-461-1155
9 點～ 17 點（結束受理 16 點 30 分）
冬季 12 ～ 2 月，9 點～ 16 點 30 分（結束受理 16 點）
花季，8 點 30 分～ 17 點 30 分（最後入場 16 點 30 分）

色點點，點綴在綠意盎然的常綠樹之間的景色，彷彿裝飾在古代馬具「唐鞍」上的「雲珠」，相傳鞍馬這個地名也是因此得名。

近距離賞花固然很棒，但是抬頭遙望遠山上成片的櫻花林，也別有一番韻味。這是洛北特有的櫻花美景。

但因「仁和寺」跟「鞍馬寺」離洛中有段距離，想賞花非得專程跑一趟不可，在此跟各位分享一條不必遠行，在市中心即可欣賞到遲開櫻花的步道。

橫跨賀茂川的北大路橋到北山大橋之間路段的左岸，也就是在跟賀茂川東側堤防相連的「半木之道」上，種植著數十棵遲開的枝垂櫻，形成一條絕美的櫻花隧道。

搭乘京都市營地下鐵烏丸線在北大路站下車，再從北大路通往東走約五分鐘，

1 〔一一五九～一一八九年〕平安末期鎌倉初期的傳奇武將源義經的乳名，義經在七歲時曾被送到京都鞍馬寺修行學習。

鞍馬寺
京都市左京区鞍馬本町 1074
075-741-2003
本殿開放：9 點～ 16 點 15 分
靈寶殿：16 時為止
周一公休，若遇國定假日則次日休。※ 冬季休館 12 月 12 日～ 2 月底

就可以看到北大路橋。從橋上也能遠遠觀望到「半木之道」上一整排櫻花樹，絕對不可能迷路。

一邊俯視著左手邊賀茂川的潺潺流水，一邊欣賞從棚架傾瀉而下的枝垂櫻，繽紛美景讓人心中忍不住浮現「世外桃源」一詞。賞櫻最佳時機落在四月上旬到中旬左右。

即使非櫻花季，平常這條步道也是很受歡迎的散步路線，基本上會來這裡的在地人比觀光客還要多。櫻花季時最好避開舉辦活動的周末或白天，鎖定清晨或傍晚來賞花吧。

這種方法不只適用「半木之道」，同時也是無法錯開季節時的一個很有效的技巧。

眾人皆睡我獨醒的清晨不但空氣清新，櫻花等花草樹木在經過一夜休眠後更是朝氣蓬勃，更添嬌豔。或即將進入休眠前的花朵，在夜幕低垂時更凸顯出花兒的嬌豔欲滴。

新綠跟紅葉亦是如此。

除了人潮洶湧的白天一定要避開之外，最近很流行的夜間點燈也是能免則免。人潮裡整日綻放後精疲力竭的櫻花或紅葉，是不可能美到哪裡去的。

「半木之道」的櫻花步道

夏天安靜探訪京都人的風俗習慣

京都的冬天明明很冷，但夏天卻也異常炎熱，而且是熱到不可思議的那種熱。京都的嚴寒跟酷熱都拜盆地地形所賜。

東、北、西三面環山的京都盆地一到夏天，熱氣蒸騰到彷彿蜃景浮現般都堆積在盆地裡，而且幾乎沒什麼風。烈日當頭，京都每個人曬到臉都要歪了。

儘管熱得不得了，但京都的「熱」也其來有自，當然是因為祭典。不用說大家都知道，我指的是「祇園祭」。

名列日本三大祭之一的「祇園祭」。許多人第一個聯想到的大多是山鉾巡行，頂多還有前一天舉行的宵山吧。然而，事實上「祇園祭」是個前後長達一個月的祭典。

從七月一日代表祭典正式展開的「吉符入」開始到月底為期一個月，走在京都的大街小巷上，隨處都能聽見「祇園囃子」的笛鼓聲，你會發現很多京都人在這時候都開始跟著哼唱起來。

コンコンチキチン コンチキチン（konkonchikichin konchikichin）

如果說盛夏時節的代表是舉辦祇園祭的「八坂神社」，那代表夏天的開始就是「平安神宮」了。梅雨季中舉辦的薪能（野外能劇）對京都人而言，是個十分重要的夏季例行活動。

能劇的產地，這種說法或許有點奇怪，但京都是能樂的中心，到京都旅遊能實際欣賞到能劇演出的機會其實出乎意料地少。

如果考慮在京都看一次能劇，請一定要來觀賞一次薪能。

在彷彿隨時會降下梅雨的天空下，燃燒的篝火映照出幽微深邃的世界。當鼓聲吸入黑暗之中，夏天也正式揭開序幕。

薪能跟祇園祭結束後，夏天即將劃下句點之時，要送走在「六道來迎」時迎回陽世的祖先靈魂重返冥界，炙熱的五山送火照亮了整座京都盆地。

以前家家戶戶會在自家門前燃送魂火恭送祖先，但就消防安全的觀點來看，現

八坂神社｜京都市東山区祇園町北側 625
075-561-6155
自由參拜
社務所：9 點～ 17 點

在大多數人都將送別一事託付給「五山送火」。

奇妙的是「五山送火」一結束，秋風彷彿迫不急待似的在京都各大街道上輕輕颳起，夏天也隨之悄然落幕。

這時候稍微有點涼風，但在此之前京都別說「猛暑」[1]了，根本酷暑難耐，熱到讓人忍不住想稱之為「慘暑」。

京都本來就是個可以讓人好好散步遊玩的城市。無論是使用一定程度的交通工具移動，或是景點到景點之間選擇搭車移動，都沒辦法真正看到京都的真實風貌。但請切記，夏季的白天是唯一的例外。

京都非比尋常的高溫讓中暑變得幾乎無可避免。真要散步也得挑早晚較涼快的時段，最好等日落之後再出發。

造訪清晨的神社，穿過「夏越祓」[2]的大茅草輪後，先去還沒出現排隊人潮的「出町ふたば」（出町双葉）購買名為「水無月」[3]的和菓子。然後帶著點心到賀茂川的長堤上一邊讓微風輕撫臉頰，一邊大快朵頤。

雖然中規中矩，但也是京都夏季特有的樂趣。

出町ふたば
（出町双葉）

京都市上京区出町通今出川上ル青龍町 236
075-231-1658
8 點 30 分～ 17 點 30 分
周二、每月第四個禮拜的周三公休（若遇國定假日則次日公休）

平安神宮

京都市左京区岡崎西天王町 97
075-761-0221
3 月 15 日～ 9 月 30 日境內參拜：6 點～ 18 點
御守、御札、御朱印：17 點 30 分為止
神苑：8 點 30 分～ 17 點 30 分
※ 平安神宮根據季節每個月參拜時間皆有所不同，請至官網確認當月資訊

京都人習慣食用順應時令的和菓子，但說起夏天的和菓子種類還真不少。例如，參加完「今宮神社」的攝社「織姬神社」所舉辦的「七夕祭」後，可以順道去附近的「松屋藤兵衛」品嘗一款名為「珠玉織姬」的乾菓子，深深沉浸在京都的風雅裡。不過這款產品最近大受歡迎，如果當天突然去才想買很可能早已銷售一空，建議事先電話預約，以免向隅。

另外，也可以融入在地，跟在地居民一起圍繞著不起眼角落的地藏菩薩參加「地藏盆」，體驗澈底化身京都人的樂趣。盂蘭盆會結束後約一周左右，圍繞著街角地藏菩薩的「地藏盆」，或許是最具京都風情的夏日歲時節慶。

1 日本自二〇〇七年起，單日最高氣溫高達攝氏三十五度以上的日子稱為「猛暑日」。

2 每年陰曆六月最後一天，於宮廷及各神社舉行的大祓祭儀，解厄除穢的淨化祈福儀式，穿過茅草輪象徵無病消災。

3 陰曆六月的別稱。在此指一種上層鋪紅豆，下層以米粉蒸製成粉粿的三角形點心。

松屋藤兵衛
京都市北区紫野雲林院町 28
075-492-2850
9 點～ 18 點
周四公休

夏季京都旅行雖讓人避之惟恐不及，但有些東西唯有盛夏體驗得到。例如鴨川跟貴船川的「川床料理店」。

鴨川納涼床的「床」日文讀作「ゆか」（yuka）；貴船川川床的「床」則讀作「とこ」（toko），前者俯瞰鴨川之美，後者是在貴船川潺潺流水之上來一場美食的饗宴。

鴨川夏天白天的納涼床因酷熱難耐而關閉，但同時間貴船川的川床有時卻讓人冷到發抖。切記，洛中跟洛北的溫差非常大。

京都的夏天瞬息萬變，但不變的是此時的主角永遠是神佛與祖先。

人們在「祇園祭」中貼近神明，又在「六道珍皇寺」以「迎魂鐘」迎來祖先的魂魄，隨後用「五山送火」恭送其返回冥界，再接下來的地藏盆，則是對平常守護鄰里的地藏菩薩、神佛們表達感謝。不必說教也無須強制，京都人從小自然而然培養出敬神禮佛之心。

夏天去京都旅行，是了解京都人風俗習慣的好時機。

六道珍皇寺
京都市東山区大和大路通四条下ル四丁目小松町 595
075-561-4129
9 點～ 16 點

「六道珍皇寺」撞迎魂鐘

秋天屏息於紅葉交織的滿面地毯

春天賞櫻，秋天當然是賞紅葉[1]。

據說櫻花飄落之初最美，紅葉染色之始最佳。一過了秋彼岸[2]，早晚開始氣溫驟降，樹葉也開始變色。這時候賞紅葉剛剛好，但接近冬天的紅葉也絕對不差。不僅如此，散落一地的紅葉交織成一片紅色地毯，美得令人屏息，如果再疊上一層初降的薄雪，更是風情萬種。

花的生命短暫，然而紅葉的生命卻得以延續，展現出不同風貌讓人賞心悅目。將枝枒擴展向澄澈秋日晴空的紅葉豔麗奪目，與朱紅色鳥居爭豔的紅葉令人心曠神怡。紅葉飄落在古寺的庭園裡，輕輕地漂浮在池塘上，再尖銳敏感的心也能得到撫慰。

雜誌或電視節目一定會介紹的賞紅葉著名景點當然也很好，但在西陣一帶街角偶遇的紅葉更是別有韻味。

混入京都的人群裡，在小小的居酒屋酒足飯飽後打道回府。走回飯店的路上，突然注意到一棵枝椏從宅邸黑色圍籬竄出的紅葉，引人駐足欣賞。夜半的紅葉跟夜櫻同樣惹人憐愛。

或是在清晨，等待黎明破曉走訪幽靜街角的小寺。踏在鋪滿紅葉的石階上，一股肅穆感從心中油然而生。

我想推薦的是坐落於鹿谷的「安樂寺」。

通往茅葺屋頂山門的石階上堆疊出滿滿一層紅葉，堪稱名符其實的紅葉地毯。

1 日文中的「もみじ」漢字雖寫成「紅葉」，但是不獨指「楓葉」或「紅色的葉子」，而是泛指溫帶落葉樹在入秋後變色的景象，變黃、紅或褐色的都叫「紅葉」，造就秋天五彩斑斕的山林景象，為避免讀者誤以為只有「楓紅」，故本處以漢字「紅葉」直譯。

2 以秋分之日（立秋）前後三天稱秋彼岸，大約從九月二十日開始進入秋彼岸。

安樂寺 京都市左京区鹿ケ谷御所ノ段 21
075-771-5360
10 點～ 16 點

這份令人不忍踩踏上去的美，著實讓人屏息。

傍晚時分的紅葉也很棒。夕陽餘暉下的紅葉讓人彷彿看到一方淨土。我最推薦坐落在吉田山以南的「真如堂」。

西山夕陽餘暉映照下，枝枒生長一路延伸向三重塔的紅葉，葉片轉紅之際，美麗的景象讓人忍不住雙手合十默禱。

或者我們不賞紅葉，賞黃葉。

橫跨賀茂川的北大路橋以南，向西延伸至紫明通中段，種了一整排銀杏樹。一到深秋，整排樹木染成一片璀璨金黃，夕陽西斜餘暉灑落在銀杏樹上，美得不可方物。

從清晨到深夜都可以在城市中盡情欣賞京都的紅葉。京都人很清楚，一窩蜂去擠夜間點燈的行為可是一點也不入流。

真如堂 （真正極樂寺）	京都市左京区浄土寺真如町 82 075-771-0915 9 點～ 16 點（結束受理 15 點 45 分）

跟京都人一起享受節慶祭典

一到秋天，京都街頭頓時呈現出繽紛的色彩。

重陽節一到不只花店，各商家紛紛在店門口擺出黃色的菊花盆栽讚頌秋天。同樣這一天，於世界遺產「上賀茂神社」舉行小孩子的「烏相撲」，小力士對戰前由頂著黑色烏帽子的神官跳上跳下地模仿烏鴉的鳴叫聲[1]。宛如黃色與黑色的相互爭豔。

1 源自上賀茂神社主神賀茂別雷命的外公——賀茂建角身命，曾化身神獸八咫烏（三隻腳烏鴉的形象）為神武天皇帶路東征。

梨木神社｜京都市上京区染殿町 680
075-211-0885
6 點～ 17 點
授與所：9 點～ 16 點 30 分

上賀茂神社（賀茂別雷神社）｜京都市北区上賀茂本山 339
075-781-0011
第二鳥居：5 點 30 分～ 17 點
樓門、授與所：8 點～ 16 點 45 分

重陽過後不久，緊鄰「京都御所」的「梨木神社」萩花盛開，並以花為名舉行「萩祭」。紫色、白色以及桃粉色的小花點綴了整座神社境內，跟詩箋短冊一起搖曳在秋風裡。

出町柳站附近的「常林寺」以滿坑滿谷的萩花著稱，俗稱「荻之寺」。從山門外幾乎就能窺見荻花怒放的盛況，令人眼角忍不住浮現一抹笑意。

日落月升，到處都在舉辦賞月宴。

當中最名聞遐邇的是嵯峨「大覺寺」的「賞月之夜」。

古意盎然的游船在大澤池上漂蕩，水面映照出紅龍船首神祕的面容，一輪明月漂浮在夜空中。一個真正幽微深邃的世界在嵯峨野於焉展開。

我認為最豐富多彩的秋日祭典是「時代祭」。

時代祭是明治時代為慶祝平安遷都一千一百年[2]而開始的祭典，在京都三大祭當中是最年輕的，市民參加型的祭典隨著時間更迭，愈來愈受到京都人的愛戴。

穿著各個不同歷史時代裝束的京都人在「京都御苑」集合，再按照時代排序在京都各大主街道上浩浩蕩蕩地列隊遊行。

大覺寺
京都市右京区嵯峨大沢町 4
075-871-0071
9 點～ 17 點（結束受理 16 點 30 分）

常林寺（萩之寺）
京都市左京区田中下柳町 33
075-791-1788
9 點～ 16 點

要是天氣夠好，鮮豔的裝束在秋日朗朗晴空的映照下美不勝收。從明治維新開始一路追溯到延曆時代[3]的各個隊伍讓人百看不膩。

遊行的景象彷彿時代繪卷在眼前攤開來，你可以從中清楚地看見京都是如何走過這段漫長悠久的歲月。或許也是秋天的關係吧，更能感受京都的色彩豐富到令人驚歎。京都西陣織特色是交織成錦，而京都的秋天便是名符其實的秋日似錦。

2 桓武天皇於延曆十三年（七九四年）將首都從長岡京遷至平安京，遷都隔年（七九五年）首次於平安宮大極殿接受文武百官朝賀之儀，第一次時代祭於明治二十八年（一八九五年）舉行，距離遷都剛好滿一千一百年。

3 〔七八二～八〇六年〕奈良後期，平安初期桓武天皇在位時的年號。

京都御苑

京都市上京区京都御苑 3
075-211-6348
御苑：24 小時開苑
御所：4 月～ 8 月，9 點～ 17 點（結束受理 16 點 20 分）
9 月、3 月，9 點～ 16 點 30 分（結束受理 15 點 50 分）
10 月～ 2 月，9 點～ 16 點（結束受理 15 點 20 分）

真的想細細品味靜．京都，請挑冬天來

京都進入冬天，就從豐富多彩的秋天一躍轉變成單色調的世界，街道上的繽紛色彩消失，黑色與白色變得格外醒目。

或許是受到地球暖化的影響，近年來即使進入師走[1]紅葉豔麗依舊，到處都能見到追紅葉的觀光客。

洛中紅葉來得最晚的便屬「下鴨神社」。朱紅色玉垣與紅葉一路爭豔到師走中旬。

我在描述京都的春天時曾提及，京都的冬天出乎意料地嚴峻。冬季的京都街頭被有別於北國的寒冷所籠罩，比起春秋兩大旅遊旺季，大家都不太喜歡冬天在馬路上吹風，但四季之中我反而最推薦冬天的京都散步。

四条大橋東南側的劇場「南座」一掛上「吉例顏見世興行」[2]的攬客名牌「ま

下鴨神社
（賀茂御祖神社）
京都市左京区下鴨泉川町 59
075-781-0010
6 點 30 分～ 17 點

ねき」，就代表京都的凜冬即將降臨。

進入師走前，劇場掛上用「勘亭流」字體書寫演員姓名名牌的畫面，肯定會占據地方報紙的頭條。每個京都人一看到演員名牌掛上去，就有一種「冬天終於來了」的感覺。

進入師走後，京都各地寺院都會舉辦「大根焚き」（煮蘿蔔）的傳統活動，到處都擠滿了京都在地居民。雖然每家寺院的調味不盡相同，但吃下寺院分送的蘿蔔，把舊的一年累積的厄運統統驅除，並祈願新的一年無病無災。跟日本人冬至吃南瓜一樣，都是自古以來流傳在京都的民間習俗。

1 陰曆十二月的別名，又稱極月或臘月，現在陽曆十二月也稱師走。其原意眾說紛紜，最具代表性的說法是「連為師的僧人都為發送經書（或誦經佛事）到處奔走的忙碌月分」。

2 「顏見」（見面會），意指在特定月分將今年與劇場簽下隔年契約的演員介紹給觀眾的行事。在歌舞伎誕生之地京都舉行的顏見從江戶時代傳承至今，現已轉變為每年十二月的全明星演出盛會。

京都一年之中大部分時間都擠滿了觀光客，到了冬天幾乎只剩下京都本地人。冬天之所以成為少數能展現京都真實風貌的時期，恰巧也是因為這時候旅客少的緣故。走在大街上，隨處都可窺見「日常版本」的京都。尤其以師走這個月最能凸顯京都的本質。

此外，重視分寸界線的京都人儘管十分珍惜過去一整年回憶，但也為了迎接新的一年忙碌準備。時序更迭歲末年終的京都冬天，對京都人來說是十分忙碌的。

京都人每年過兩次晦日（每月的最後一天）。一個是師走的大晦日（除夕），另一個是二月的節分[3]。對京都人來說兩個晦日的隔天都代表新的一年，準備起來格外認真。

師走的大晦日。在「八坂神社」求「をけら火」（白朮火）回家，作為煮沸新年第一次汲取的「若水」的火種。不管是慶賀新年用的「大福茶」或年糕湯的湯頭都是用若水。

從師走到正月這段期間，京都人會以洗練俐落的方式裝飾町家，好迎接新年的到來。捨棄氣派的門松，只以簡單素雅的帶根松枝裝飾，這是京都人以「冷泉家」[4]

為範本的習慣。

寂靜的巷弄裡，蒼翠挺拔的松枝將大門妝點得傲然抖擻。冬天的京都是如此的寧靜。

黎明破曉的新年初詣先到自家附近的氏神祠堂參拜，接著前往「伏見稻荷大社」祈福。「松之內」[5]期間還有七福神巡禮參拜，新春期間一定得好好地跟各地神明恭敬打聲招呼才行。

松之內期間即將結束的開工前，大和大路通跟四条通交叉口下方一帶突然人聲鼎沸起來。新春第一次參拜惠美須，排隊等著進「京都惠美須神社」祈求生意興隆

---

3 指各季節交替的前一天，及立春、立夏、立冬的前一天。一年之始的立春被視為最重要的一天。

4 舊日本公家、貴族，藤原氏家族的分支，和歌名門，擅長描寫四季風情，其細膩的公家文化對京都人的生活產生深遠的影響。

5 新年門前設有門松或松枝的期間，多指正月一日到七日（別名：松七日），也有一種說法是到十五日。

京都ゑびす神社 （京都惠美須神社）	京都市東山区大和大路通四条 下ル小松町 125 075-525-0005 9 點～ 17 點
伏見稻荷大社	京都市伏見区深草藪之内町 68 075-641-7331 自由參拜 求籤、授與所：7 點～ 18 點

財源廣進的京都人都在這裡了。

乍暖還寒的京都飄散出梅花香時，象徵漫長艱辛的寒冬已到盡頭，春天的跡象悄然造訪這座期待已久的冬季城市。

二月節分時，京都人會去「吉田神社」參拜，把庇佑我們一整年的舊神札跟御守帶回神社。焚燒舊神札的熊熊烈焰直衝天際，對神明的感謝也上達天聽。

除厄消災，大啖晦日蕎麥麵後的隔天就是大吉大利的立春。

還有冬至絕對少不了的柚子浴，京都的傳統是要挑選最上等的洛西水尾產柚子，讓它漂浮在浴池裡來泡澡。如果冬至來不及泡，也可以在立春前後前往水尾的民宿泡柚子浴也非常美妙。

冬至泡柚子浴雖然是日本全國共通的習俗，但京都洛西水尾之里的柚子浴別具一格。冬至與湯治（指泡湯療養）的日文發音相同（皆為touji），而柚子（yuzu）象徵身體靈活（融通が利く，yūzū）根本是雙關諧音哏，然而從江戶時期延續至今的柚子浴功效毋庸置疑，據說柚子精華對促進血液循環，讓身體暖起來的效果非常好。

吉田神社
京都市左京区吉田神楽岡町 30
075-771-3788
9 點～ 16 點 30 分
社務所：9 點～ 17 點

同樣都是柚子，水尾特產的柚子以其粗獷質樸的外型及突出的香氣廣為人知。也無怪乎它如此特別，這股高貴典雅的香氣源自清和天皇（八五〇～八八一年）。

相傳清和天皇退位遁入空門後巡遊近畿各地，最終選擇水尾之里作為自己生命的最後棲所，村民們為此大受感動，時常進獻柚子浴款待天皇。水尾之里與天皇家頗具淵源，後水尾天皇的「水尾」[6]指的正是清和天皇，表達對其尊崇之意。

水尾之里的當地家庭為遊客提供雞肉火鍋和柚子浴的行程廣受歡迎。我也很想走訪這個能享受冬天寒冷，被高雅柚香繚繞的樸實鄉里。

我們京都人就是這樣花一整年的時間，細細品味京都四季更迭的樂趣。歷經一千兩百多年漫長歲月的淬鍊，逐漸形塑今日的京都。

旅人們到訪京都時接觸到的或許僅是那一瞬間，但我深信，徜徉於歷史長河中

6 清和天皇別名「水尾帝」。

懷幽思古對人們分享彼此的想法大有助益。

在靜．京都好好地安歇。好了！京都旅行的心理建設就幫大家建立到這裡，接下來是「實踐篇」。京都拜疫情所賜回歸平靜，現在，正是京都旅遊的最佳時機。

下雪別上金閣寺

京都的風貌會隨著季節交替而變化。當然，即使在京都以外的地方，景色同樣會隨四季而變化，但我發現京都這個地方連空氣都會變，但或許這只是我自己的感覺也說不定。

春、秋兩季固然也能體驗到京都的寧靜氣息，但冬天尤其如此。降雪時的京都萬籟俱寂，但奇妙的是京都的寒氣似乎在下雪時一股腦全消散了，這時候忍不住想出門走走。

京都通常從深夜開始降雪，經常一覺醒來發現北山已經被一片白雪覆蓋。就是這樣的清晨時分，才想在京都靜靜地散步。但該去哪裡呢？很多人可能會想拍下白雪覆蓋京都的美照，分享到社群媒體上，而且大部分人都把目標鎖定在同一個地方。各位猜猜這個地方是哪裡呢？

答案是「金閣寺」。

夜半降雪後的隔天早上，切記！絕對別上「金閣寺」。我這麼說說不定會惹來罵聲。

別說安靜了，池塘周遭根本吵成一團。明明只想看一眼白雪皚皚的金閣寺就好，卻發現每個人都想要拍照，你推過來我擠過去，到最後變成一場爭奪最佳拍攝點的大亂鬥。場面混亂，不時有人咆哮互罵，火爆的氣氛一觸即發。

究竟是從什麼時候開始變成這樣的？

幾年前這裡頂多聚集一些專業攝影師或少數攝影狂熱者而已，但最近不管是誰都來，一堆人拿著智慧型手機一輪猛拍，動不動就大吵大鬧。

或許是智慧型手機拍照功能大幅提升的緣故，用不著特殊技巧，隨手就能拍出漂亮的照片，所以人潮通通往熱門景點擠。確實，「雪金閣」美得令人屏息。清晨從東山灑落下來的陽光，將閃耀金色光芒的樓閣映照得宛若淨土，與堆積在屋頂的純白細雪，創造出精采的對比。

我很能理解想在夜半降雪後的隔日清晨造訪「金閣寺」的心情，但說實在雪景漂亮的景點比比皆是。

例如「銀閣寺」，雖然有金跟銀（正確來說應該是棕色）的差異，但堆積在屋頂上的雪與周遭鋪滿白砂的庭園相互輝映之美，比起「金閣寺」毫不遜色。

或者「南禪寺」以東山為背景的山門屋頂積雪亦堪稱絕景。其他還有坐落在俗稱「真如堂」的「真正極樂寺」寺域內的三重塔，白雪覆蓋的姿態美麗炫目到近乎神聖。

對了，「上賀茂神社」降雪後的早晨，也以一整片銀白世界迎接參拜者的到訪。穿過「第一鳥居」往「第二鳥居」的參道兩旁盡是一望無際的寬闊草坪，說這裡一積雪彷彿化身雪國好像有點誇張，但每個到訪的遊客都為了這片銀白大地雀躍歡呼。

這只是我快速想過一輪列舉出能欣賞美麗雪景的寺院神社，還有好多可以推薦。總之即使不上「金閣寺」，還是有很多好地方可以盡情享受美麗的雪景。

我更想傳達的是，即使不大費周章走一趟古寺名剎，還是可以從臨近區域找到讓自己好好享受清晨美麗雪景的地方。

南禪寺
京都市左京区南禅寺福地町
075-771-0365
夏季 3 月 1 日～ 11 月 30 日，8 點 40 分～ 17 點
冬季 12 月 1 日～ 2 月底，8 點 40 分～ 16 點 30 分
※ 12 月 28 日～ 12 月 31 日公休

銀閣寺（東山慈照寺）
京都市左京区銀閣寺町 2
075-771-5725
夏季 3 月 1 日～ 11 月 30 日，8 點 30 分～ 17 點
冬季 12 月 1 日～ 2 月底，9 點～ 16 點 30 分

南北貫穿京都市中心的鴨川就是這樣的一個點。

我在京都土生土長七十年始終都住在鴨川畔，無論雨天或下雪天，我始終看著這片鴨川風景。天天看也從來沒有看膩的一天，任何時刻只要佇立在鴨川畔就能讓我的心平靜下來。

如果可以，起個大早最好。天將曉而尚暗之時，用我們日語固有的講法是「あさぼらけ」（拂曉時分）。下到鴨川的河灘上走一走，記得留意腳邊，小心別滑倒。

這裡我雖然寫鴨川，但如果腳程夠，最好從賀茂大橋以北的賀茂川開始走。為什麼呢？因為同樣在京都市內也有南北氣候上的差異，經常上游的賀茂川有積雪，但到下游鴨川雪已經融光了。

理想上可以從出雲路橋附近賀茂川西岸的河灘走一走。遙望賀茂川的另一頭可以看到東山群峰被白雪覆蓋的模樣彷彿上了一層粉妝。最高的那座山峰是比叡山。從比叡山往南平緩稜線的盡頭是如意嶽。大文字的「大」字的被雪拓印得發白。若想靜靜地欣賞京都的雪景，賀茂川絕對是首選。

「南禪寺」的雪景

下雪早晨清澈見底的鴨川

一年四季都精采的岩倉「實相院」

距離現在大約二十年前的往事。

我去岩倉的門跡寺院「實相院」參拜，被本堂敞開的障子門[1]外那幅如畫的風景給深深打動了。

當時適逢新綠時節，庭園的綠意倒映在本堂地板上的光景，我的天啊！真的精采得不得了。門外的綠，障子的白，棧[2]的棕，然後是倒映在黑得發亮的地板的綠。我想「沁人心脾」指的大概就是這樣的境界吧，美到令人屏息。

住在京都這麼久，這座寺院我不知造訪過多少次，從來不知道竟然有此等絕景。

我心裡一直在想，倒影為什麼可以清晰到這種不可思議的地步，等到定睛一看才發現，原來是本堂的地板被保養得閃閃發亮。原來如此，這下子我完全明白了！

門跡寺院「實相院」是一座飽受時代動盪，歷經諸多磨難的寺院。在悠長的歷史中歷經來回數次的搬遷與重建，才逐漸形塑成今日的樣貌。換句話說，這片閃閃發亮的地板是由無數僧人跟寺方人員親手修繕打磨，有時還必須一層層悉心上油保養，才能保持地板光潔到近乎神聖。

寺院並非一朝一夕可以建成，而是經過漫長歷史歲月的淬鍊，才能夠以今日的樣貌呈現在世人眼前。

當時的我正在電視台旅遊節目擔任顧問，因此立刻決定列入介紹。我把綠意映照在本堂地板上的光景取名為「床みどり（床之綠）」（日文的「床」意指地板），並在節目京都特輯上介紹給大家。

1 日本傳統建築做隔間使用的橫拉門。有木製格子框的為「障子」糊上白色的和紙，障子代表室外與室內之間的分隔。

2 障子、窗戶的骨架或框架。

電視的影響力無論過去或現在都很驚人，節目播出後人潮開始一波波湧向寺院，掀起了一股旋風。

事實上「實相院」秋天紅葉映照在地板上的美景已早一步為人所知，京都通之間都知道「床もみじ（床之紅葉）」，只是新綠時節的倒影還沒有引起太多關注。

因為「床之綠」竄紅的關係，「床之紅葉」順勢湧入了大批參觀人潮。

這些遊客要是能安安靜靜地欣賞也就算了，鎖定「打卡拍照」的遊客，開始為了捕捉美麗的畫面爭先恐後。因爲不守規矩的人愈來愈多，寺方迫於無奈只好祭出禁止拍照的規定。

一小撮害群之馬導致種種限制實在讓人很不甘心，但是為了避免糾紛，也為了保護珍貴的文化資產，祭出規定也是沒辦法的事。

但也因為規定的關係，寺院重新回到往日的清淨，這結果雖然有些諷刺，但不失為好事一樁。

「既然不能拍照乾脆算了！」幸虧打退堂鼓的人增加了，這下總算可以靜下心來好好欣賞「床之綠」跟「床之紅葉」了。

對了，最近我得知了另一個新絕景！

庭園裡的雪倒映在地板上，同樣也是美到不行。

看到寺方拍攝的照片時，我靈光乍現有了個想法。

白雪銀光閃閃的樣子有「銀花」的美名，不如就將這番絕美光景命名為「床銀華」，各位覺得如何呢？

不知道是不是因為「實相院」禁止拍照沒辦法讓人打卡炫耀的關係，同樣在洛北八瀨的那間新寺院忽然炙手可熱了起來。

名義上是寺院，但幾年前這裡都還是料亭，建築風格離正統的佛寺伽藍[3]差得可遠了。這裡的「床之紅葉」你愛怎麼拍就怎麼拍，所有想拍照打卡的觀光客似乎全殺到這裡來。入場費用所費不貲，而且還得先預約，但即便如此人潮依舊踴躍，可以想見大家有多想要拍照上傳炫耀了。

過去以「八瀨釜風呂」[4]為京都人所熟悉的料亭，曾幾何時搖身一變成了寺院，還吸引了大量觀光客。甚至成為今日京都代表性的景點。過去料亭的玄關大門現在被改稱山門，即使被賦予了寺院的外觀，老京都人經過也只會側目而視，才不

實相院門跡
京都市左京区岩倉上蔵町 121
075-781-5464
9 點～ 17 點
不定期公休

會去湊熱鬧。

如果只是想倒映得清清楚楚，拿面鏡子或一塊不鏽鋼板不就得了。

距今八百多年前，「實相院」最早於洛北紫野開山，後來一度遷移至京都御所一帶，為了躲避應仁之亂[5]的戰火，最終落腳在幽靜的岩倉。幾經遷移自然不可能毫髮無傷，一路走來想必歷經許多波折。本堂的地板隨著寺院流轉變遷，經年累月之下宛若一面明鏡映照出歷史的光輝。

我們千萬不能忘記本堂地板上倒映的綠意、紅葉及瑞雪之所以動人，必須完全歸功於寺方人員對地板的巧手維護，正因為他們常年不間斷的努力，我們現在才有這樣的絕景可賞。

---

3 整個佛教建築群的構成稱為「伽藍」，包括三門、方丈、法堂、庫裡（寺內的廚房）等。

4 存在於京都市左京區八瀨一帶日本古式桑拿的一種，人進入巨型釜灶進行蒸氣浴。八瀨自古以來即是皇室貴族與武士最愛的溫泉療養聖地。

5 發生於應仁元年（一四六七年）至文明九年（一四七七年）日本室町幕府八代將軍足利義政任內，一場封建領主間長達十年的內亂，戰火幾乎摧毀大半個京都，也催生出群雄割據的戰國時代。

寺院賞苔

漫步在寺院的庭園裡，最療癒的時光莫過於欣賞翠綠潤澤的青苔生長。無論是枯山水式庭園，或是池泉迴遊式庭園，盈綠青苔生機蓬勃的樣子總是令人感到無比的平靜與放鬆。

相反地如果苔蘚變色發黃，總令人莫名心痛。

寺院庭園裡的苔蘚究竟蘊藏了何種意涵？我經常都在想這個問題。我認為寺院庭園原本的功能除了讓參拜者的眼睛放鬆休息，讓心平靜下來之外，或許也是為了有一樣東西，可以讓在寺院修行的僧侶悉心照料不懈怠。

生長在大自然的苔蘚看似強壯，但其實意外地嬌貴，照顧方式也會因苔蘚種類而異。有些苔蘚喜歡日照，有些苔蘚不曬太陽會長得比較好，但說實在一般人很難去分辨。

仔細評估苔蘚的狀態後適度澆水，或為了保護苔蘚不被踐踏而把它圍起來等等，或許這些維護工作本身也是寺院修行的一環吧。

根據某寺院的說法，苔蘚植物大致上可分為三大類，最一般的蘚類就有上千種，苔類也有六百多種，種類可說是多不勝數。其中最珍貴的屬角蘚類，則相對較少。

得知苔蘚植物的種類如此豐富多元後，當再次欣賞寺院庭園時，心中的感受會更加深刻。

為了賞苔而赴寺院參拜，想一想難道不覺得這個計畫真的超適合寧靜的京都？如果把「京都、苔、寺院」三個關鍵字擺在一起，頭一個想到的一定是「西芳寺」。西芳寺俗稱「苔寺」，是京都苔蘚最具指標性的寺院。

「西芳寺」坐落於洛西郊外，設有預約制，必須支付日幣三千圓「冥加料」的拜觀入場費用，不會人擠人，可以好好地欣賞苔庭。

相傳西芳寺於奈良時代開山，後來歷經很長一段荒廢期，直到南北朝時代由造園高僧夢窗疏石國師（一二七五～一三五一年）前來復興寺院。

西芳寺（苔寺）
京都市西京区松尾神ケ谷町 56
075-391-3631
通常於中午前（約 10 點～ 12 點）開放，視申請狀況可能於下午開門
※ 每年 8 月 14 日、12 月 30 日、12 月 31 日不開放。須提前預約方可入寺參拜

庭園分為上下兩層，上段為枯山水式庭園，下段為環繞黃金池的池泉迴游式庭園，但很可惜的是上段庭園不對外開放，遊客只看得到以黃金池為中心的庭園。一百二十餘種苔蘚盡收眼底，而且全部是自然衍生的，除了歎為觀止外，我還真的找不出其他形容詞。

夢窗國師設計的庭園不但是枯山水式庭園的原點，也是其生涯最頂尖的傑作，庭園本身即是禪修的場所。滿庭苔綠與道場裡細心鋪設的榻榻米一樣，同為寺方用心照料的結果。

如果只是喜愛苔蘚，去山林溪谷欣賞也就夠了，但如果要讚頌寺院苔蘚之美，就必須探究其身後蘊含的禪宗精神，否則這一切將毫無意義。

讀音與西芳寺「さいほうじ」（saihoji）相仿，坐落於洛北舟山山腳下的「西方寺」是另一座苔寺，這座坐擁名園的寺院只有內行人才知道。

舟山以五山送火之一，點亮船形巨大火焰文字的山而廣為人知，當地居民之所以熟知「西方寺」，是因為它是送火儀式結束後舉行「六齋念佛」[1]的寺院。

「西方寺」於平安時代初期創建時本隸屬於天台宗，到了鎌倉時代末期，因爲

西方寺｜京都市北区西賀茂鎮守菴町 50
075-492-5889

道空上人一手重振寺院的緣故，才變為淨土宗寺院。據說如果沒有道空上人，六齋念佛不可能被廣泛流傳至今。

六齋念佛主要是在盂蘭盆會時舉行的一種念佛活動，不過因篇幅有限，我們先就此打住。

嵯峨野的「祇王寺」是我推薦另一處可供賞苔的寺院。

我曾於拙作《京都，再去幾次都可以！》介紹過這座可供鑑賞窗戶之美的寺院，詳情還請參照我書籍的內容。

如果是以寺院苔蘚為特色的庭園，就絕對不能忘記「東福寺」。

大部分寺院庭園的苔蘚都是不種自衍，但是「東福寺」本坊庭園北庭的最大特色是，它的苔蘚完全是為了庭園的設計刻意種植的。

用苔蘚及方石配置成棋盤格市松紋樣的「東福寺」

東福寺
京都市東山区本町 15 丁目 778
075-561-0087
4 ～ 10 月底，9 點～ 16 點
11 ～ 12 月第 1 個周日為止，8 點 30 分～ 16 點
12 月第 1 個周一～ 3 月底，9 點～ 15 點 30 分

祇王寺
京都市右京区嵯峨鳥居本小坂町 32
075-861-3574
9點～16點50分（結束受理16點30分）

從「勒使門」往「方丈」[2]鋪砌了方石，苔蘚就種在方石的縫隙之間，營造出綠色棋盤格的市松紋樣。庭院由造庭巨匠重森三玲（一八九六～一九七五年）所造，據說庭園剛完工時苔蘚還沒有那麼茂盛。本坊旁邊恰巧有溪谷，溪水流過很適合苔蘚的生長，連白川砂[3]裡頭都能冒出苔蘚，庭園才因此長成如今的樣貌，足見苔蘚生命力之旺盛。

1 相傳鎌倉時代道空上人為鼓勵庶民學佛，利用擊打太鼓和鉦傳唱的一種念佛舞蹈。六齋是指每個月有六天，人們必須謹言慎行持戒清淨並專注修行。另有一說指出平安時代的空也上人才是念佛舞蹈的開創者。

2 佛寺內住持的居所。

3 採集自京都白川上游花崗岩自然風化而成白砂，用以鋪設枯山水庭園。日本現已明令禁止採集白川砂，目前庭園造景使用的為一般白砂。

低調祈求財運亨通

可能是我從小被生於明治時代的祖父母嚴加管教的關係吧，我到現在還是老覺得跟人開口談錢是種缺乏教養的行為。

但話說回來，錢財這種東西有總是比沒有的好，所以偶爾也得去參拜一下求個財運。

看來跟我同樣想法的人還真不少，「二条城」附近的「御金神社」近幾年來也開始排起長長的參拜人龍。

「御金神社」讀作「みかねじんじゃ」（mikanejinja），原本指金屬之神，但把祂當成「おかね」（okane）金錢之神來拜的人急速增加，這裡變得跟人氣拉麵店一樣，成為參拜者絡繹不絕的知名神社。

人非草木，照理來說不應該人云亦云，風吹隨風擺。

御金神社｜京都市中京区西洞院通御池上ル押西洞院町 614
075-222-2062
社務所：10 點～ 16 點

不過如同日本俗諺「鰯の頭も信心から」（信念夠強，不值錢的沙丁魚頭都能變高貴）所說，願大力大信者得救，但如果跟排隊買吃的一樣只是一味跟風參拜，得到的庇佑肯定大打折扣。

每個人都希望財運源源不絕。我就來跟各位分享幾座求財相關的神社吧！心誠則靈，用心參拜願望或許就能成真唷。

以下要介紹的神社離洛中有段距離，但其實也花不了多少時間，這座神社名叫「金札宮」[1]讀作「きんさつぐう」（kinsatsugu）。

神社的名字一看就很有財運滾滾來的感覺，若追溯神社的起源，會發現這一切絕非穿鑿附會，這座神社自古以來就擁有受財運加持的歷史。

故事可追溯到建都平安京之前的公元七五〇年左右。當時的女帝孝謙天皇，因

1 日文「札」有鈔票、牌、片的意思。

為天空劃過一道巨大的流星而感到心神不寧。

流星殞落彷彿成了導火線似的，當時朝廷遭逢長期乾旱導致水源枯竭，作物完全無法生長。此時突然有位名叫天太玉命的神祇現身，據說天太玉命在揮舞手中的白菊後，霎時清水湧出源源不絕，解救眾生於乾旱之苦。

孝謙天皇聞言深受感動，於是下令建造一座神社供奉這位化身為白菊老翁[2]的神祇。

各位猜猜這時候發生什麼事呢？神社社殿建造中的某一天，金札（金片）突然從天而降，上頭寫著「吾乃天照大神派來之天太玉命，爾等若欲建社祭祀，則須加建瑞垣」[3]，這段傳說被室町時代的能樂大師觀阿彌（一三六三～一四四三年）譜成謠曲《金札》傳唱至今，足見這座神社的歷史源遠流長。

這座因秀吉而被迫搬遷[4]的神社原址以北，約兩百公尺左右一所中學附近，還留存著一口「白菊井」[5]。伏見釀酒業的蓬勃發展或許正是拜這口豐沛的水井所賜。一想到這裡，更加確信「金札宮」絕對是能招來財運的神社。

「御金神社」還有一棵跟財運有關的樹木，據傳是樹齡近一千兩百年的參天大

大黑寺（長福寺・薩摩寺）	京都市伏見区鷹匠町 4 075-611-2558 9 點～ 16 點	金札宮	京都市伏見区鷹匠町八番地 075-611-9035

樹「黑金餅」[6]，大家都知道可以來沾沾樹名的福氣，祈求讓自己變成有錢人。好好摸一摸這棵樹許下心願吧！

接下來介紹的神社不像「御金神社」那麼高調宣傳，基本上沒有什麼商業氣息，不過神社提供了開運結緣品「招福小判（金幣）」，參拜時求一個，說不定可以幫自己添點財運。

這座跟「金札宮」搭配一起參拜求財效果加倍的寺院，其實就在附近。跟「金札宮」真的只有一步之遙，「大黑寺」就蓋在它的西邊。顧名思義，這

2 天太玉命別名為白菊大明神。

3 玉垣的別名，環繞神社本殿的柵欄。

4 因豐臣秀吉修築伏見城，金札宮不得不遷址。

5 伏見七名水之一，伏見自古以來便是清酒的著名產區。

6 鐵冬青在日本的別名，發音「くろがねもち」（kuroganemochi），與日文的有錢人「金持ち」（kanemochi）發音相同。

裡奉祀的主神是大黑天[7]，而這尊大黑天的作者竟然就是那位弘法大師——空海，同樣是一座歷史久遠的寺院。

開山後有很長一段時間這裡都被稱作「長福寺」，後來奉薩摩藩主島津家久[8]之命將寺名更改為「大黑寺」。薩摩藩的宅邸就在附近，那裡埋葬著因寺田屋事件[9]而殞命的九位薩摩藩士，所以人們有段時間也把「大黑寺」稱之為「薩摩寺」。

主神是一尊祕佛，每六十年，也就是一甲子才對外公開展示（開帳）一次，但還是可以摸一摸設置在本堂前的「おさすり大黒さん」（摩擦大黑天），據說可以帶來好運。另外，也可以順道求一下寺院境內湧出的「金運清水」，幫自己開運祈福。

至於為什麼這裡的清水會跟財運有關？似乎是因為平成十三年（二〇〇一年）寺方鑿井時湧出的水看起來金光閃閃的關係。來的時候請一定掬起一捧水來仔細瞧一瞧。

陽光下清水金光閃閃，如果把水塗抹在兩個手掌上相互摩擦，說不定也能添財運呢！

7 七福神之一，經常以腳踏米俵（裝米用的稻草袋），包頭巾，手持木槌，肩背布袋的形象示人，掌管五穀豐收的農業之神與財神。

8 亦有另一派說法指出將長福寺更名為大黑寺的是島津家久的父親，島津家第十七代當主島津義弘（一五三五～一六一九年）。然而究竟是誰主導寺院更名，學者之間並無定論，唯一確定的是更名的時間點確實在元和元年（一六一五年）。

9 發生於江戶時代末期一八六二年，薩摩藩政實質領導者島津久光對薩摩藩內尊皇激進派的肅清鎮壓事件，在激烈的械鬥中共九人身亡，後稱伏見寺田屋殉難九烈士。

「御金神社」

跟「金札宮」搭配一起參拜的「大黑寺」

重輕石

人們痛苦時會想求神保佑，遇到困難時也會想求神拜佛。換句話說，當人們想努力克服困難時便會去神社參拜，祈求神明的庇佑。

每逢考季一到，日本各地的「天神桑」[1]總是熱鬧滾滾。站在本殿或拜殿前，將鈴緒[2]牢牢握在手中，誠心誠意搖鈴，鈴鐺便發出清脆響亮的鈴聲。拍手、合掌，接著輕輕閉上眼睛誠心祝禱，祈求神明保佑自己金榜

1 這裡泛指天滿宮，祭祀學問之神菅原道真的神社，遍布日本各地，地位近似台灣人拜文昌帝君。京都人暱稱北野天滿宮為天神桑。

2 參拜時藉由拉繩搖鈴，將神明請來聆聽祈願。

題名。

原本參拜的流程應該是像這樣子的，但後來為了防範新冠疫情擴散，有些神社選擇拆下鈴緒，實在很可惜。

六角形套筒裝在繩索底部且套筒下方有流蘇垂掛著的鈴緒，是參拜者唯一可以用手觸摸的神具，換言之是與神明直接溝通的唯一媒介。我覺得防疫這種事明明只要在搖鈴前後仔細消毒手部就可以解決。

受疫情影響，與神明打交道的方式因而產生變化的不只是鈴緒，連參拜前淨手的手水缽也同樣受到波及。

站在鳥居下先鞠躬敬禮，接著再走向手水舍淨手是一般進神社參拜時的基本禮儀，去寺院參拜時的流程也一樣。

參拜者必須先以右手持柄杓，舀起一瓢水淋在左手上沖洗乾淨，然後將柄杓換至左手，用同樣的方式清洗右手。再次將柄杓換回右手後，接著漱口。將左手裡的水含入口中漱口。漱口完畢，再以柄杓舀水清洗左手，為了下一位參拜者著想，杓中剩餘的水沿著手柄流下，最後倒扣放回柄杓架上。

這是原本洗手淨身的禮儀，然而跟剛剛介紹的鈴緒一樣，有些寺院神社也以可能導致感染為由，禁止使用手水舍。

清水被整個抽乾的手水舍有夠掃興。於是陸續出現寺院神社讓切花漂浮在水面上，稱之為「花手水」並加以大肆宣傳。我認為這肯定是年輕的神官或僧侶搞不清楚，手水社最初就是為了預防瘟疫蔓延才設置的。那麼多容易附著細菌的花朵就這樣漂浮在手水缽裡，根本是本末倒置。

日本第一次瘟疫大流行據說發生在古墳時代（西元三到七世紀前後）。為此苦惱不已的第十代崇神天皇於是下令全國神社設置手水舍。洗手、漱口這些預防感染中最基本的概念，竟然遠在一千七百年多前就已經在日本生根，想想真的是很厲害。

最近連寺院神社也開始利用「拍照打卡」來吸引人潮，這個時代真令人感慨。雖然剛才我也用一些篇幅寫關於求財運的內容，但老實說，我認為恩惠福氣這種東西是求不來的，而是神佛賜予我們的。

這種事說實在用膝蓋想也知道，怎麼可能每個人去「御金神社」參拜完，把彩券放到開運的「福包御守」裡都會中大獎。願望這種東西就算求了，也沒有掛保證這回事。虔誠祈求之後，剩下就交給神佛菩薩去安排。至於能否如願，還真的名符其實只有神知道。不是人有辦法去確認的。

不過有個可以幫你瞬間判斷許下的願望能否實現的東西，就在某座神社裡。

這顆占卜靈石一般被稱之為「おもかる石」（重輕石），但在洛北「今宮神社」則暱稱為「阿呆賢桑」。

從南邊的樓門進入神社，拜殿前左側的一間小祠堂裡有顆看起來有點重，被供奉在柔軟坐墊上的黑色石頭。

首先以手掌輕拍石頭三次，接著雙手捧起石頭感受一下重量再放回去，可以想見這時候是有點重量的。接著許下心願，再用手掌改撫摸石頭三次。好了，是時候了，現在重新把石頭捧起來看看吧！

感覺怎麼樣？如果感覺重量比剛剛輕，就表示神明應允實現你的願望；如果跟剛剛一樣重，甚至感覺比之前更重，那麼很可惜，這代表神明或許沒有答應實現你的願望。

我自己實際試過好幾次，的確感覺每一次重量都有微妙的差異。幾乎很少會一模一樣。通常要嘛感覺比之前重或比之前輕。

就科學觀點來看或許沒有根據，但人的心理不就是這麼一回事嘛！

「伏見稻荷大社」的「奧社奉拜所」也有類似的占卜靈石。那裡有一對石燈籠，先在燈籠前誠心許願，再透過舉起石燈籠的空輪（頂部球狀物）時的感覺，來判斷願望能否成真。

鈴緒跟手水缽受到疫情波及，已經無法再發揮它原本的功能，但願不要連「重輕石」也以疫情為由而被撤走才好。

探訪雪花月四季風雅的庭園

其實不只京都，日本人喜歡以「雪月花」來描述四季流轉之美。其意象也經常被用來創作日本的藝術工藝品，例如器物或和服等，或被選為繪畫的題材。

雪月花一詞出自於中國唐朝中期的詩人白居易，寫給遠方下屬的一首七言律詩《寄殷協律》中的一句「雪月花時最憶君」。

若將詩句譯成白話，是在傳達詩人每逢降雪、月光閃耀或花開之際，換言之是在季節裡最美景色顯現之時，總是勾起他對遠方友人的思念。

我本來以為雪月花的美學境界非常日本，沒想到源自於中國，心中不免有些遺憾，但後來得知在白居易誕生之前，日本已經有文人將雪月花為寫進和歌時，我心裡有種「果然不出我所料！」的感覺。

積置皓雪上，照臨月夜間，吾手折梅花，寄心餽贈獻般勤，欲得如是佳人矣[1]

這首和歌為大伴家持作歌。相傳他曾參與編纂詩歌總集《萬葉集》，對日本文學藝術產生深遠的影響，我認為雪月花一詞與日本人熱愛四季流轉之美的感性十分相符。

可想而知，雪月花用來形容京都這座城市自然很貼切，確實有不少名勝古蹟與之相關。例如先前介紹過的「雪金閣」便是一例。

以寺院庭園表達雪月花意境的，還有江戶時代的著名歌人松永貞德（一五七一～一六五四年）。

儘管無法得知受封為連歌師（連歌宗師）的貞德為什麼會來造庭，但三座寺院

1 出自萬葉集卷十八・四一三四番歌之《宴席詠雪月梅花歌一首》。

的庭園，分別為「雪之庭」、「月之庭」與「花之庭」，據傳皆出自於貞德之手。

若放眼全國庭園，據說日本三大名園也是以「雪月花」為標準，評選出與各季節相對應的庭園，分別是雪之「兼六園」、月之「後樂園」與花之「偕樂園」。

那麼「雪月花京都三名園」指的又是哪幾座寺院呢？

當今這三座名園分別為，雪之「妙滿寺」，月之「清水寺」與花之「北野天滿宮」。

唯一不是寺院的是花之「北野天滿宮」，據說在神佛習合的時代[2]，北野天滿宮境內有座寺院叫「成就院」，花之庭據說正是為了該寺而建。

「雪月花京都三名園」有幾個不可思議的地方。

其一是這三座庭園全都建在同名不同位置的「成就院」內。

月之「清水寺」境內的塔頭[3]「成就院」裡「月之庭」至今仍存在。雪之「妙滿寺」也同樣有塔頭叫做「成就院」，而「雪之庭」就在「妙滿寺」內；花之「北野天滿宮」境內寺院「成就院」現已不復存在，令和四年（二〇二二年）一月新落成的「花之庭」，與貞德當年所造的庭園並不相同。

清水寺
京都市東山区清水 1-294
075-551-1234
6 點～ 18 點（7、8 月至 18 點 30 分）
春、夏、秋天夜間特別拜觀期間，21 點 30 分（結束受理 21 點）
※「月之庭」僅春秋兩季特別開放

妙滿寺
京都市左京区岩倉幡枝町 91
075-791-7171
9 點～ 16 點

原本在「北野天滿宮」裡的「成就院」因為受神佛分離令[4]波及早已消失，也由於沒有留下任何過去「花之庭」的紀錄或文獻，北野天滿宮以自己的方式將原本的「梅苑」重新詮釋翻修，並將這座新落成的庭園定名為「花之庭」。

雖然貞德是一代連歌宗師，在造庭方面也沒有太多實績，但究竟為什麼他會為這三座「成就院」設計寺院庭園，說起來還真的很不可思議。

另一個不可思議位於「妙滿寺」的「雪之庭」。

如今的「妙滿寺」坐落於與雪景十分相襯的洛北岩倉，然而妙滿寺從在烏丸五条建立以來，雖幾經遷址，但直至昭和四十二年（一九六七年）為止都還在寺町二

2 一八六八年之前，允許神道教與佛教折衷融合的時期。
3 附屬於大寺院寺域內的小寺院。
4 明治新政府為了鞏固皇權獨尊神道，於一八六八年頒布神佛分離令，命令全國神社必須與佛教分離，引發打壓佛教的「廢佛毀釋」運動。北野天滿宮成就院的「花之庭」被歸類為佛教設施，不見容於神道教的北野天滿宮因而遭毀。

北野天滿宮｜京都市上京区馬喰町
075-416-0005
6點30分～17點
社務所、授與所：9點～16點30分

条一帶。

貞德活躍的年代距今已有四百多年之久，當時奉豐臣秀吉之命已規劃這塊土地建寺，也就是說「雪之庭」的確曾經存在於寺町二条。

對京都地理知之甚詳的朋友或許留意到了，京都這座城市由於南北傾斜，從北到南的氣候差異很大。大約以今出川通為界，通常今出川通以北很會下雪也很容易積雪，以南的雪量則比較少。如果從這個觀點看，在今出川通以南的寺町二条一帶以「雪」為題造庭，似乎有些不太自然。

所以講是講「雪月花三名園」，但無可否認地的是這標準似乎缺乏根據，然而隨著「妙滿寺」遷移至與「雪之庭」呼應得恰到好處的洛北區域，和以梅花聞名的「北野天滿宮」讓「花之庭」重新復活，這三座名園往後更貼近「雪月花」的美學境界也指日可待。

三名園之中我最推薦的是唯一自古以來從未改變的「清水寺」內「成就院」的「月之庭」。

暮色庭中樹影下、燈影明滅人寂寥

以「月之庭」池畔蜻蛉燈籠為題作詩的月照上人[5]，是幕末大時代捉弄下一個命運多舛的悲劇僧侶。這座庭園真的非常美麗，只在春秋兩季對外限期開放，夜間只在秋季開放一小段時間，這裡絕對是你不容錯過的必訪名園。

5 〔一八一三～一八五八年〕江戶末期尊皇攘夷派的僧侶，京都清水寺成就院住持。於安政大獄之時與西鄉隆盛逃離京都前往薩摩，不料抵達後薩摩藩拒絕提供庇護，月照自知難逃一死，遂投錦江灣自殺身亡，僅西鄉奇蹟甦醒。

二葉葵巡禮（一）

家族有家紋，而神社也有神紋。

一般人平時不太會關注有沒有神紋這件事，但一年中只有一次，京都人會意識到神紋的存在。

每一年京都人在七月「八坂神社」舉行祭儀祇園祭的這段期間是不吃小黃瓜的。因為小黃瓜的橫切面與「八坂神社」的神紋非常相似。

當然，到這個時代仍恪守這項傳統的人可能也不多了，還會這麼做的大多是「八坂神社」的氏子[1]與參與祇園祭的工作人員，我小時候家裡就遵循這項不吃小黃瓜的傳統。因為我曾向大人詢問過原因，所以從小就知道七月不吃小黃瓜跟神社的神紋有關。

就跟平常我們不會意識到家紋的存在一樣，神社的神紋其實也不太顯眼。這幾年流行在御朱印上蓋神紋，除此之外都是簡單地畫在燈籠上面而已，對於哪座神社的神紋長什麼樣子，通常不會留下太多印象。

然而神紋本身隱藏著各式各樣的歷史緣由，不但可以從神紋追本溯源，對於學習歷史而言，從神紋的角度切入也相當有意思。

本篇想帶大家一塊看看這些擁有類似神紋的神社。

相信大家都對京都三大祭之一的葵祭已經很熟。葵祭是每年五月十五日在「上賀茂神社」與「下鴨神社」舉行的民俗祭儀，就連日本文學巨著《源氏物

「上賀茂神社」中以「二葉葵」為主題的金屬部件

語》都曾描寫葵祭的場景，是項歷史十分悠久的傳統祭典。然而出乎意料的是，似乎很多人不知道這兩座神社的神紋都是葵葉[2]。

「二葉葵」雖然並不常見，但這種植物與京都的淵源尤其深厚，京都市內隨處可見神紋同樣是「二葉葵」的神社。

即使不知道「二葉葵」長什麼樣子，但我相信大家一定都看過葵紋。德川家家紋在時代劇裡的出場率很高，水戶黃門[3]隨身攜帶的印籠[4]上描繪的紋樣可說非常有名。

德川家紋的葵葉有三片，其設計是取「二葉葵」為原型。以葵葉為形象的神社神紋，對崇敬上賀茂與下鴨兩座賀茂神社的德川家而言，想必充滿無上的吸引力。

至於「二葉葵」為什麼會變成「上賀茂神社」的神紋呢？相傳遠古神祇降臨在如今被稱為「神山」的地方時，手指向生長在山中的葵葉並下達神諭：

以此葵裝飾，用之於祭儀

此外，現在「葵」的平假名寫成「あおい」（aoi）但在過去寫成「あふひ」（afuhi），據說「あふ」（afu）的意思是「相遇」；「ひ」（hi）代表「神明的力量」，換句話說，葵被當作是與神相遇，見證神力的植物。

以二葉葵為神紋的「上賀茂神社」，自古以來就是統治這塊區域的賀茂氏一族的領地，由於賀茂氏跟渡來民族[5]秦氏締結婚姻關係，使得秦氏一族的影響力遍及

---

1 原指祖先氏神的後裔，世居在氏族祖靈鎮守的土地並信奉同一氏神。時至今日，廣義泛指與神社具地緣關係的居民，狹義專指維持神社社務運作的人。八坂神社的起源眾說紛紜，有一說是原本鎮守此地的氏族祖靈是來自高句麗的渡來人（海外移民）八坂氏的氏神。

2 指雙葉細辛。在日本所謂的「葵」意指細辛屬的植物，而非錦葵科植物。

3 改編自日本民間故事的長壽時代劇，描述水戶藩第二代藩主德川光圀帶領兩名家臣微服出巡的故事，該劇最著名的橋段是在每一集水戶黃門準備懲奸除惡時，家臣隨即取出印有德川家家紋的印籠以表明身分，家紋一出，惡人跪地求饒。

4 繫在和服腰間，攜帶印章等隨身小物的配件。

5 古代自中國或朝鮮半島移民到日本的氏族。

此地。我個人對秦氏透過婚姻建立結盟關係，兩大氏族彼此截長補短，聯手擴張勢力的手法非常感興趣，但為了避免偏離本書主旨，故不再詳加敘述。

總之，因爲兩大氏族結盟，使得源自「上賀茂神社」的「二葉葵」順勢擴張至秦氏的領地右京[6]。

近幾年來日本很流行「能量景點」，那可以跟神明力量直接連結的「二葉葵」相關地點，不就是最強版能量景點嗎！

最耐人尋味的是即使同樣都是「二葉葵」，也會因為神社不同而產生微妙的差異。

二葉葵盆栽

接下來我們就睜大眼睛觀察，去可見到「二葉葵」神紋的神社繞一繞吧。

首先，從堪稱「二葉葵」始祖的「上賀茂神社」開始。

要是沒特別注意很容易錯過了而不自覺，但如果仔細看會發現「上賀茂神社」的「二葉葵」其實比比皆是。社殿隨處都可見到設計成「二葉葵」紋樣的金屬部件，就連御守跟神籤上也畫了「二葉葵」。

御守中還有一種以「二葉葵」為主題，設計成很時尚的心形「護身」御守。神紋的圖案是一種叫做「立葵」的紋樣，它的設計是讓葵葉從柔和曲線的尖端一分為二，再從另一端綻放出一朵小花。

多麼可愛的設計啊！我自己買盆栽來種以後也覺得超可愛的。

各位可以將本篇的內容視為「二葉葵」的基本形。

6 古代平安京以貫穿京中的朱雀大路為界，東側稱左京；西側稱右京。

二葉葵巡禮（二）

不只在神社裡，在門庭若市的門前菓子店「神馬堂」店門口懸掛的橫幅布條上，也會看到「二葉葵」跟「上賀茂神社」的神馬白馬一起出現。屋簷下的老木頭招牌上寫著「あおいもち」（葵餅），顯示出這家店與「二葉葵」間的深厚淵源。

說與「上賀茂神社」有親子關係[1]也不爲過的「下鴨神社」，神紋採「二葉葵」設計也是天經地義，不過除了這兩座神社之外，還有不少神社都看得到它的蹤跡。

或許是昔日以遼闊腹地聞名的「上賀茂神社」的遺跡吧。這附近同樣以「二葉葵」作為神紋的神社並不在少數。

筆者曾於拙作《京都，再去幾次都可以！》介紹過位於西賀茂一帶的「西賀茂大將軍神社」，其懸掛於拜殿前的燈籠也描繪了神紋「二葉葵」。

仔細觀察這紅色的「二葉葵」紋樣，會它發現跟「上賀茂神社」的略有不同。同樣都有兩片葵葉，但這裡的二葉葵葉片左右兩邊對稱，正中央畫了一朵大大的花，看起來像完全不同的另一種紋樣。這個版本的二葉葵看起來比較摩登，設計上也比較洋派。

這個紋樣被取名為「花立葵」，但真實二葉葵的花並沒有這麼大，就這層意義來看「上賀茂神社」版本的二葉葵比較貼近真實。

順道一提，京都根據四神相應[2]理論，在東西南北四個方位共設有四座大將軍神廟，唯一看得到「二葉葵」神紋的，只有北邊的「西賀茂大將軍神社」。

1 下鴨神社的正式名稱為「賀茂御祖神社」，與「上賀茂神社」為二社一體的神社。下鴨神社祀奉的主神為「賀茂建角身命」及「玉依媛命」，分別是上賀茂神社主神「賀茂別雷大神」的祖父及母親。

2 在風水地理上最適合四神存在的地方或格局。四神分別為東青龍、西白虎、南朱雀、北玄武，平安京的地理特徵恰巧與之相符。

從西賀茂大將軍神社一路往南，來到坐落於玄以通與大宮通交叉口附近的「久我神社」，神社神紋也同樣是「二葉葵」。

久我神社過去被稱為「氏神社」，今日則被視為「上賀茂神社」的境外攝社，其奉祀的主神賀茂建角身命曾化身為八咫烏，守護神武天皇一行人東征路途上的平安，因此被視為航空安全及交通安全的守護神。害怕搭飛機的朋友，或許可以先到這裡求個御守保平安再登機。

這裡的神紋基本上跟「上賀茂神社」的設計相同，手水舍甚至還擺上真的二葉葵（細辛）盆栽，這裡可歸類為元祖系二葉葵。

從「久我神社」再繼續往

「西賀茂大將軍神社」燈籠上所描繪的「二葉葵」

西賀茂大將軍神社｜京都市北区西賀茂角社町 129
075-491-6623

久我神社｜京都市北区紫竹下竹殿町 47
075-491-6800

南走到鄰近北山通的「紫竹貴船神社」，這裡也同樣懸掛著畫有「二葉葵」神紋的燈籠。

「貴船神社」在日本約有四百五十社，這裡是其中的一社，據說它與洛北貴船的總本社關係密切。

首先，我們來看看總本社神紋的設計長什麼樣子吧！

實際上「貴船神社」的神紋有兩種。一是又被稱為「水紋」的「左頭三巴紋」；另一個才是「二葉葵」。「貴船神社」既然祭祀水神，神紋採「水紋」設計也就很合理，至於同樣以「二葉葵」作為神紋的原因是什麼呢？

事實上「貴船神社」有很長一段時間，自遠古平安時代到明治四年（一八七一年），都是隸屬於「上賀茂神社」的第二攝社。這似乎令人有點意外，但若考量到兩座神社的創建都與玉依姬命有淵源，也就不難理解了。

話說回來神社社域內豎立黑白兩匹馬的雕像，「上賀茂神社」與相傳為繪馬發源地的「貴船神社」一樣，社域內有白色神馬，兩社之間有不少相似點。

接下來，我們一起往右京去。

紫竹貴船神社	京都市北区紫竹西北町 55 本宮：12 月 1 日～ 4 月 30 日，6 點～ 18 點 5 月 1 日～ 11 月 30 日，6 點～ 20 點 授與所：9 點～ 17 點
木嶋坐天照御魂神社（蠶之社）	京都市右京区太秦森ケ東町 50-1 075-861-2074

嵐電沿線有一站名為「蠶之社」，車站名稱來自一座神社，這座神社正是別名蠶之社的「木嶋坐天照御魂神社」，它的神紋也是「二葉葵」。

神社裡有一座三柱鳥居，鳥居周遭的原生林被稱之為「元糺之森」，過去這裡的池塘曾舉行名為「御手洗祭」的浸足神事，據說這裡跟同樣舉行御手洗祭的「下鴨神社」有深厚的淵源，以「二葉葵」作為神紋自是理所當然。

附近有個地名「太秦」，由於這裡是秦氏的領地，很可能是秦氏與賀茂氏透過聯姻，順勢將糺之森遷移至下鴨一帶也說不定。

還有一座與秦氏淵源很深的神社在洛西。

「久我神社」燈籠上所描繪的「二葉葵」

以祭祀酒神著名的「松尾大社」[3]同樣也以「二葉葵」作為神紋。

這座神社每年四月會舉行大型祭典「松尾祭」，從神轎到神職人員配戴的頭冠或烏帽子，全部都是用新鮮的葵葉（細辛）跟桂葉（連香樹的葉子）來裝飾，松尾祭舊時亦稱葵祭。不只在祭典期間，你也可以從本殿、樓門找到「二葉葵」的紋樣，由此可看出秦氏與賀茂氏之間的強烈連結。「二葉葵」或許同時代表了賀茂氏與秦氏兩大氏族也說不定。

3 神社由飛鳥時代秦氏部族的首領「秦都里」於西元七〇一年所創建，主神為酒造之神「大山咋神」。

松尾大社
京都市西京区嵐山宮町 3
075-871-5016
平日、周六：9 點～ 16 點
周日、國定假日：9 點～ 16 點 30 分

眺望借景式庭園

「京都寺院的庭園究竟為什麼可以這麼美？」過去我為某本女性雜誌擔任京都特輯的監修顧問時，有位編輯曾經問過我這個問題。

「我一直覺得很神奇，日本全國寺院何其多，這當中大多數寺院都有日本庭園，說實在這些庭園看起來跟京都的也沒兩樣，但不知道為什麼，就是沒有一座庭園能像京都的那樣打動我！」編輯如是說。

聽到編輯這麼說，我除了點頭稱是之外，腦中也同時浮現兩種答案。

其一或許是這些庭園的維護上做得不夠到位。

我講這種話說不定會引起其他寺院的非難，但在我的印象裡，還真找不到有哪裡的寺院在維護上能做到像京都寺院這種程度。當然也有做得很到位的，只是整體而言，京都的寺院為守護庭園之美所付出的努力，絕對超越日本其他任何地方。

另一個答案，我想或許是京都庭園打動人心最主要的原因，就是庭園與周遭環境巧妙融為一體，將其襯托得更加美麗。

當中最經典的範例，莫過於運用「借景」概念取庭園的天然背景融入作庭，藉以凸顯庭園之美，這項獨樹一幟的手法或許僅京都獨有。

例如「龍安寺」的石庭，以其十分具代表性的枯山水庭園聞名，因環繞庭園的土塀（牆）刻意做矮，周遭的天然景色也就自然而然地映入眼簾。

觀賞者只看得見種植在土塀之外的樹木與天空，其他人造建築物根本進不到人的視線範圍，所以庭園之美才更顯突出。

各位想想看，要是看得到庭園後方的摩天大樓，那美感豈不被破壞光了？光用想的都令人無法接受呢！

另一個借景庭園的經典在「本法寺」。

龍安寺
京都市右京区龍安寺御陵ノ下町 13
075-463-2216
夏季 3 月 1 日～ 11 月 30 日，8 點～ 17 點
冬季 12 月 1 日～ 2 月底，8 點 30 分～ 16 點 30 分
御朱印：9 點～ 4 點

「龍安寺」的枯山水庭園

本阿彌光悅作庭之「本法寺之庭」

茶道流派表、裏二千家[1]的宗家茶室緊鄰在小川通與寺之內通交叉口的上方一帶，即使身在自古最精華的洛中，這一帶也瀰漫著獨特的雅緻氛圍。

一名身著和服，看似正要去上茶道課的年輕女性，跟另一位著袴[2]的男子，推測應該是她的茶道老師，穿梭在這只容得下一台車通行的狹窄巷道，而「本法寺」便隱身於茶道大本營之中。

1 以茶聖千利休為始祖之茶道宗派稱「千家」，利休死後其後人各自建立茶室，分出「表千家」、「裏千家」、「武者小路千家」三流派，三者合稱「三千家」存續至今。

2 男性正式和服，一種打褶的褲裙。

與這座六百多年前由日親上人開山，歷經數度遷移，直至天正年間（一五八七年）才遷移至現址，與這座寺院有著深刻緣分的是本阿彌光悅[3]，連海外也盛名遠播的一代藝術巨擘。

據說光悅造的庭園並不多。我在想如此稀有卻鮮為人知，或許是因為這裡不是觀光寺院的關係。

以利用大小立石配置成的三尊石組[4]為中心，枯瀧石組[5]為主角的「三巴之庭」，是室町時代書院風建築形式的遺跡，也是代表華美絢爛的桃山時代[6]的名庭，在這座庭園裡觀者同樣看不到周遭多餘不必要的東西。

「龍安寺」及「本法寺」的庭園周遭只有樹木，但京都有許多寺院借用遠方景色為庭園之美增色。當中最常被借景的對象是東山。

東山三十六峰，山如其名東山坐擁群峰，其高低差的變化，造就了群山的風貌變化萬千。

當中最顯眼的兩座山峰，分別是比叡山跟篝火在山腰上浮現「大」字的如意嶽。銜接這兩座山峰平緩的山脊稜線襯托出東山的美景，所以很多寺院透過將遠山

本法寺｜京都市上京区小川通寺之内上ル本法寺前町 617
075-441-7997
10 點～ 16 點

風景配置於庭園之後，藉以孕育出無以倫比的庭園之美。

京都東、北、西三面環山，照理來說庭園借景西山或北山效果應該也不錯，但妙的是很少見到有寺院這麼做，幾乎所有庭園都借景東山來為庭園增添風韻。

---

3 〔一五五八～一六三七年〕桃山時代至江戶初期的著名藝術家，精通書畫、陶藝、漆藝、刀劍鑑定、園林設計。書道光悅流始祖，繪畫則與俵屋宗達齊名，其絢麗華美、裝飾性強的大和繪技法後由尾形光琳發揚光大。

4 日本庭園用語。寺院佛像經常以本尊與左右脅侍「三尊一體」的樣貌呈現，故衍生出以三塊石頭表現佛教三尊意象的造庭手法。其組合沒有侷限，可以是「西方三聖」本尊阿彌陀佛，左脅觀世音菩薩，右脅大勢至菩薩的組合；也可以是藥師如來與日光遍照菩薩及月光遍照菩薩「東方三聖」的組合。就設計考量來看，中間一塊大的主石，左右脅侍兩塊小石的配置最容易令觀者感覺平衡、穩定。

5 日本庭園用語。石頭階段式的立體配置，表現瀑布從深山幽谷飛流而下或鯉魚躍龍門的意境。

6 自一五七三年室町幕府滅亡至德川幕府確立之前，由織田信長及豐臣秀吉統治的過渡時期，由於海上貿易興盛、天主教與歐洲文化的傳入，成為日本藝術史上最宏偉燦爛的時期。

「本法寺」的「三巴之庭」

在「正傳寺」樸素的庭園裡療癒身心

再為各位介紹一個典型的借景庭園。我個人最推薦的是洛北西賀茂的「正傳寺」[1]。

寺院位於京都北部，離市中心有一大段距離，很難跟其他景點搭配行程，只能專程前往。

1 正傳寺歷史眾說紛紜，根據正傳寺官網資料，寺院創設者為東巖慧安禪師，他師事於文應元年（一二六〇年）從中國渡日弘法的兀菴普寧禪師多年，習得禪宗之精髓。文永十年（一二七三年）聖護院的僧人靜成法印皈依東巖禪師，在龜山天皇的許可下於京都烏丸今出川附近建造祭殿。另有一說則是東巖慧安禪師在師父兀庵普寧的勸請下，可能在文永五年（一二六八年）或文永十年（一二七三年）開山，得到龜山天皇許可才在烏丸今出川創建寺院。

儘管出發前得做好為賞庭專程跑一趟的心理準備，但我必須說「正傳寺」真的非常值得一遊。如果以《米其林指南》來比喻，這裡絕對摘下三顆星。

請搭乘開往西賀茂車庫方向的京都市營巴士，最近的站牌是終點「西賀茂車庫前」，或者是搭到它的前一站「神光院前」，下車後請往西走。

無論在哪一站下車，跟正傳寺的直線距離都約在六百公尺。上坡的坡度平緩，步行約需十五分鐘左右。

終於抵達寺院山門，這段路程會讓人感覺到京都真的是座盆地。回頭一看會發現自己其實已經爬到一個地勢頗高的位置。

穿過山門，儘管上坡依舊，這段被高聳挺拔的樹林遮蔽住的參道瀰漫著禪寺特有肅穆的氣息。

初次到訪的人應該會對寺院這片比想像更寬闊的腹地感到訝異。彷彿這座坐擁一整片竹林的山就是一座寺院似的。

爬上最後的石階，你會在左手邊延伸出來的台地看到一座鐘樓。要把鐘樓蓋在這裡肯定很不容易吧。入寺參拜前我們先回溯一下「正傳寺」的歷史。

正傳寺的起源最早是在文永十年（一二七三年），由「聖護院」執事僧靜成法印，在龜山天皇的許可下，於京都烏丸今出川一帶建造一座祭殿。

隨後在弘安五年（一二八二年），據說賀茂社祠官森經久捐贈莊園[2]，所以寺院得以才遷移至現址重建。

到了元亨三年（一三二三年），由於該寺被後醍醐天皇指定為敕願寺[3]，境內雄偉堂塔伽藍林立，成為洛北一帶最著名的寺院，展現名剎恢弘的氣勢。

然而，就在先前的那一場戰爭——應仁之亂的戰火中，寺院堂宇付之一炬再度荒廢沒落。後來豐臣秀吉控制了整個京都，曾於天正十三年（一五八五年）企圖重

---

2 正傳寺曾遭比叡山延曆寺徒眾毀壞，直到一二八二年才因為賀茂神社的社家森經久捐贈了一塊西賀茂的土地給正傳寺重建也就是現址，自此之後寺運興隆。

3 天皇發願，祈願鎮護國家、皇室繁榮而興建的寺院。成為敕願寺後可獲得寺領（寺院領地及免除田租等優惠）擁有較多資源。

振寺院，卻未能如願。

一直到承應二年（一六五三年），「南禪寺」塔頭「金地院」中的小方丈被遷移至「正傳寺」，作為寺院本堂使用。至此已經是德川第四代將軍德川家綱（一六四一～一六八〇年）時代之後的事了。

超脫諸多歷史苦難的「正傳寺」庭園散發出來的美，令人歎為觀止。「方丈」前一片寬敞的庭園純粹由白砂跟修剪成圓球狀的皋月杜鵑（刈込）構成，極簡至極。圓球狀的皋月杜鵑從右邊開始，以七、五、三叢配置，這種造景被稱為「獅子帶子涉水渡河庭園」，而「南禪寺」的「老虎帶子涉水渡河庭園」則是以岩石堆砌，兩者給人的感覺大不相同。兩座庭園應該皆出自小堀遠州[4]之手，但即使造庭師是同一個人，造景效果也會隨地點而有所不同。

我想肯定是為了融入借景，才會把庭園本身的存在感縮到最小。

東山群峰，尤其比叡山的姿態多麼優美。我完全能理解為什麼大衛鮑伊（David Bowie，一九四七～二〇一六年）會被眼前這片光景深深感動，在淚流滿面的同時卻依舊凝視著它。

不過就是一座庭園，但究竟是什麼讓它美到令人魂牽夢縈？每次看著這片景色時我總會這麼想。

遠方有山，山前的樹林鬱鬱蔥蔥。與天空的分界線上一堵鋪上瓦片的潔白土塀，而土塀內的庭園排列著低矮的綠色灌木植栽。自己則坐在緣廊上。時而拉近或拉遠變換焦距，為這幅美景創造出深度。

我猜想從大衛桑故鄉的鄉間小屋望出去的風景，或許也像這樣吧。這番美景或許勾起他無限鄉愁。

很多人認為凝視禪寺的枯山水庭園有助於深度思考，但我覺得身在「正傳寺」庭園反而有種促使人放下思考的力量。

近乎出神地凝視這片風景，看著看著才意識到腦中的思緒也隨之放空。

4 〔一五七九～一六四七年〕，江戶初期武家、茶人、造園家、建築師及遠州流茶道之祖，可謂通才藝術家。

正傳寺
京都市北区西賀茂北鎮守庵町 72
075-491-3259
9 點～ 17 點

放下雜念跟邪念後，還剩下什麼？是「無」的境界？抑或是深深的眷戀？不知不覺在心裡展開了禪學的自我詰問。

借景庭園或許是禪意的極致。

治癒病痛的佛寺神社

「疫情拖這麼久，能不能拜託神明幫忙處理一下啊！京都有沒有那種可以讓疫情速速退散的神社？」被問到這種分不出究竟是認真還是開玩笑的問題時，我一時之間還真答不上來。

為了祈求瘟疫退散而建造的神社，在京都可說多如牛毛，但我還真想不到有哪間神社對傳染病特別靈驗，或宣稱參拜後的功德利益可免受瘟疫侵擾的。該如何回答這個問題讓我傷透了腦筋。

人只要活著，更無法從肉體的病痛逃脫。隨著年紀愈來愈大，肉體的病痛也陸續加深，無法確切計算自己身體到底有幾種毛病也很正常。

京都至今仍存在許多民間信仰，罹患各種疑難雜症的民眾為了祈求遠離疾病早日痊癒，都會去神蹟顯赫的佛寺或神社參拜。

當中最具代表性的正是「釘拔地藏」。這裡祭祀的是將人的苦難比喻為釘子，慈悲為懷為人拔苦除厄的地藏菩薩。

寺院的正式名稱是「石像寺」，這裡的祈福繪馬形狀也相當特殊，是將真實的拔釘鉗跟五寸釘直接貼在上頭。

整座本堂外牆都貼滿了繪馬，這場景該說是十分震撼吧，總之看起來相當奇特。

這座寺院是弘法大師空海在定都京都後不久創建的。相傳空海大師用自己從唐朝帶回來的石頭，親自雕刻成地藏像，雕刻過程中許下為眾生拔除苦難的心願，因此被譽為「苦拔地藏」。

到了室町時代，因為一段地藏菩薩拯救飽受雙手劇痛之苦富商的軼事[1]更名為「釘拔地藏」，地藏菩薩成為人們心中救拔眾生苦難的菩薩。

解救眾生一切苦難，如果以醫療體系來比喻就像是「綜合醫院」，但如果要分科別，或針對治療特定疾病「有效」的佛寺神社的話，其實也不少。

例如遊人如織的祇園町南側。四条通與大和大路交叉口一帶往東走有座「仲源

石像寺
（苦拔地藏、釘拔地藏）

京都市上京区千本通上立売上ル花車町 503
075-414-2233
8 點～ 16 點 30 分

仲源寺
（目疾地藏）

京都市東山区四条通大和大路東入祇園町南側 585
075-561-1273
7 點～ 17 點
寺務所：9 點～ 16 點 30 分

寺」。這裡的地藏菩薩被稱為「目疾地藏」，是位能治癒眼疾的慈悲神明，也就是現代人看的眼科。

最初人們因為久雨不停，向地藏菩薩祈求雨停，菩薩應驗了人們的祈求，所以被信徒喚作「雨止地藏」(ameyami)，但久而久之訛傳變異，最終演變為今日的「目疾地藏」(meyami)。有人聽了或許會想「什麼嘛！」而大失所望，不過民間信仰不就是這樣？前面不也說了「心誠則靈」嘛！

其他專科醫師在京都亦無處不在。

比方說可以幫忙封印氣喘的「赤山禪院」是現在的胸腔科；治療皮膚冒出的突起物跟癌症的「蛸藥師堂」是皮膚科；緩解下背疼痛的「護王神社」是骨科；對婦

1 傳說地藏菩薩托夢給富商，告知其雙手劇痛的原因是在前世因妒忌他人製作詛咒娃娃，還把八寸長的釘子釘進娃娃的手。夢醒後富商雙手疼痛完全消失，當他再次前往石像寺參拜時，看到夢裡那兩根染血的八寸長釘被擺放在本尊地藏菩薩像前。

蛸藥師堂 京都市中京区新京極通蛸薬師下ル東側町 503
075-255-3305
8 點～ 16 點 30 分

赤山禪院 京都市左京区修学院開根坊町 18
075-701-5181
9 點～ 16 點 30 分

科疾病有效的「市比賣神社」是婦科等等，遍布京都各地。

到現在還有不少京都人保有就醫前先去參拜的習慣。這一定也是出於某種心靈的寄託吧。京都這座城市真是不可思議啊！

市比賣神社
京都市下京区河原町五条下ル一筋目西入ル
075-361-2775
9點～16點30分

護王神社
京都市上京区烏丸通下長者町下ル桜鶴円町385
075-441-5458
6點～21點
社務所：9點30分～16點30分

寺社巡禮的祕訣——鎖定好參觀重點

到目前為止，我們已經介紹過各式各樣參拜寺院神社的方式，想安安靜靜地進行京都寺社巡禮有一個訣竅。

就是在參拜寺院、神社時，先鎖定好一個參觀重點再出發。

當然，先不說鎖定參觀重點好了，就算不做任何規劃只是去寺院山門或神社鳥居走馬看花也滿愉快的，但如果事先定下目的，鎖定好參觀重點，日後對神社或寺院樣貌的記憶應該會更清晰。從小處著手再慢慢觀察全貌，便能深入理解寺院、神社的歷史和特色。

不要只是不明就理地跟著走馬看花，或趕流行去神社參拜，應該訂好具體計畫，例如「去某寺院看什麼」或是「在某神社找什麼」，這麼做會讓寺社巡禮一口氣變得更有趣。

例如「為什麼某某寺院有這個？」這種問題，直接去現場確認就好了。
即使每一次規劃看似不相關，但有趣的是透過一次又一次的累積，慢慢能看出屬於京都這座城市的脈絡。

「六角堂」的肚臍石

日本人習慣用「肚臍」來形容任何事物的中心。例如這裡是日本的「肚臍」，或是本州的「肚臍」就在這一帶之類的。雖然這些形容有時聽起來似乎缺乏了一點格調。

京都這座城市裡也有所謂的「肚臍」，據說在寺院正式名稱為「紫雲山頂法寺」，俗稱「六角堂」裡的「肚臍石」。

以京都街道名稱構成的童謠[1]歌詞裡「姉三六角」中的六角，指的就是以寺院

1 來自童謠《丸竹夷》中的「姉三六角蛸錦」，姉小路—三条通—六角通—蛸藥師通—錦小路通。

六角堂 （紫雲山頂法寺）	京都市中京区六角通東洞院西入堂之前町 075-221-2686 6 點～ 17 點 納經：8 點 30 分～ 17 點

命名的六角通。

先不管創建這座寺院的聖德太子是否真的說過「此地為京都的中心」這句話，但可以確定的是，在定都平安京之前的兩百多年，聖德太子建了這座六角形本堂來供奉如意輪觀音，是「六角堂」的起源。寺名「紫雲山頂法寺」的由來，據說是因為寺院本堂是用每天清晨有紫雲繚繞的靈木所造。

京都人親暱地喚它「六角桑」，幾乎被視為「六角堂」象徵的就是這顆「肚臍石」。

這顆六角形正中央開了個洞的石頭，之所以被稱為「本堂古跡之石」源自於一個傳說，相傳桓武天皇在平安京建都時，為了在此開通道路，故向觀音請示移動本堂，但說時遲那時快本堂竟然自己往北移動至現在的位置，但這顆石頭就被留在原地。這也就是「肚臍石」的由來。

「六角堂」的「肚臍石」

「六角堂」同時是池坊的發源地[2]，所以這裡也以花道聖地而聞名。除了「太子堂」、「親鸞堂」以外，還有「能招來好姻緣的六角柳」及「十六羅漢」等許多精采的景點，在參觀完「肚臍石」後，也別忘了順道一遊。

2 職掌六角堂的僧侶，其始祖為遣隋史小野妹子，由於僧侶居於池畔的僧坊，便逐漸被人喚為「池坊」。池坊祖先朝夕於佛前供花，至此往後代代便以插花馳名。

幽靜佛寺裡的羅漢

若仔細端詳「十六羅漢」，臉上總會不自覺地綻放出微笑。我猜應該是受到羅漢力行「和顏愛語」的影響。羅漢在京都人心目中是十分熟悉且親切的存在。

羅漢是梵語羅馬拼音Arhat的音譯，阿羅漢的簡稱，意指夠資格受人尊敬的高僧。羅漢對道法了解透澈，已無所學習，所以又稱「無學」，超脫世俗居於雲之上，對凡人來說或許是仰之彌高的存在。

如果要問除了「六角堂」以外，哪邊還看得到羅漢，我的回答是它們大多位於郊外的寺院。

據說見證釋迦牟尼佛入涅槃的羅漢共有五百人，故稱「五百羅漢」。聽到五百這個數字不禁讓人有點驚訝。

石峰寺｜京都市伏見区深草石峰寺山町 26
075-641-0792
9 點～ 16 點

先不說這些了，伊藤若沖[1]所雕刻的「五百羅漢」就在洛南伏見稻荷神社附近的「石峰寺」。

據說若沖在天明大火[2]身家付之一炬後，晚年隱居於石峰寺，並在此創作了許多羅漢。雖然此地禁止攝影，但能如此近距離欣賞到若沖的作品只能說太感恩了。「石峰寺」有一點遠，搭乘電車至ＪＲ稻荷站或京阪本線深草站，接著還得再步行約十分鐘才能抵達。可以把它跟「伏見稻荷大社」的參拜行程排在一起，應該還不錯。

洛西的「愛宕念佛寺」跟「化野念佛寺」也都有羅漢坐鎮守護眾生。感覺羅漢似乎特別偏愛郊外呢。

1 （一七一六～一八〇〇年）江戶中期活躍於京都的畫師，作品巧妙融合寫實與想像，為奇想派代表性畫家。

2 發生於天明八年（一七八八年），是京都史上最大規模的火災，京都御所、二条城、京都所司代等歷史重要建築遭毀，京都近八成以上市街都化為灰燼，使京都經濟遭受重大打擊。

化野念佛寺
京都市右京区嵯峨鳥居本化野町 17
075-861-2221
9 點～ 17 點（結束受理 16 點 30 分／冬季 12 ～ 2 月結束受理 15 點 30 分）

愛宕念佛寺
京都市右京区嵯峨鳥居本深谷町 2-5
075-285-1549
8 點～ 16 點 30 分

「愛宕念佛寺」寺內有超過一千兩百尊羅漢像。全身被青苔爬滿的羅漢們星羅棋布的景象令人嘆為觀止。

看上去可能會以為這些羅漢年代久遠，但實際上並沒有那麼古老，身兼佛像雕刻藝師的前任住持大約在四十多年前號召自願者，目前我們看到的正是寺方委託一般民眾雕刻的五百羅漢，這不禁令人有點意外。

很難想像那麼多輪廓柔和的羅漢，竟然是由一群毫無雕刻經驗的人所創造出來的。

我本來以為這肯定是份辛苦的差事，沒想到恰恰相反，很多人都說自己在雕刻羅漢的過程中，治癒了身體跟心靈的疾病。

我想，所謂的宗教並不是仰賴神明幫你實現心願，也許只是為自己創造一個自救的契機。眼前的羅漢正是最佳範本。

聽說每個人都可以從這麼多尊羅漢像當中，找到一尊跟自己很像的。只要屏氣凝神，仔細觀察，相信一定能找到跟你很像的那一尊。

「愛宕念佛寺」爬滿青苔的羅漢

京都的「惠美須大人」

長相看起來跟羅漢有點像，但是跟總是成群出現的羅漢不同，臉上永遠笑咪咪的惠美須肯定是以一個人的姿態出現。

雖然惠美須跟大黑天有時會成組出現，但如果是被供奉在神社時永遠都只有單一神尊，並命名為惠美須神社。

京都人祈求生意興隆必定會參拜的，主要有兩大神社。一是「伏見稻荷大社」，暱稱「稻荷桑」，大多數商人都會選在新年初詣時前往參拜。無論如何，新年得做的第一件事就是去參拜「稻荷桑」，而且添香油錢一定要大方絕不能手軟。

就是因為這樣，正月頭三天過後神社結算香油錢的盛況，每年一定會登上電視新聞。

再者是「京都惠美須神社」，俗稱「ゑびすさん」(ebisusan，惠美須桑)。老一輩京都人會帶點浪速口音，喚祂「ゑべっさん」(ebessan，惠美桑)。

京都人通常選在正月初十參拜惠美須神。正月初十是「本ゑびす」(本惠美須)，前一天九日是「宵ゑびす」(宵惠美須)。這兩天神社所到之處擠滿了善男信女。

本來應該是這樣的……，但遺憾的是這裡也跟其他景點一樣，受到新冠疫情波及，來參拜的人數少到連惠美須神都吃驚了。

衷心期盼惠美須神社能恢復往日的榮景，再次聽到「商売繁盛で笹持って来い」(想要生意興隆就來領福竹吧！)此起彼落的吆喝聲，讓排隊等著綁裝飾吉祥物的人能早日重現。

除了十日惠美須大祭期間，這裡其他時間人潮都不會太過擁擠。四条通與大和大路通交叉口往南步行約十分鐘，就會看到右手邊有個石砌的鳥居。

神社鳥居中央的額束[1]上安放著惠美須神的臉，臉部下方有熊手[2]。這裡有朝熊手投擲香油錢的習俗，但參拜者眾多要小心千萬別敲到周遭的人。

首先是參拜。先到本堂正面搖鈴之後，再繞到拜殿的左側，咚咚咚地輕敲一下木板。因為惠美須神年紀大了有點耳背，這麼做可以讓祂知道，有人來拜見祂老人家了，這習俗還真是幽默！說也奇妙，你好像真的會感覺到擁有一對福氣大耳的惠美須神正把手擺在耳朵旁笑咪咪地頷首點頭傾聽祈願。

近年來不只惠美須神社很紅，連「八坂神社」社域內的末社「北向蛭子社」裡供奉的「祇園惠美須桑」人氣也開始向上飆高。

此外，以每年正月舉行「泉山七福神巡禮」聞名的「泉涌寺」的塔頭——「今熊野觀音寺」裡供奉的惠美須神，也同樣聚集了廣大信眾。

「京都惠美須神社」

日文裡惠比須、蛭子、惠比壽、夷等漢字，讀音同樣都是ebisu，衍生出各式各樣不同漢字的惠美須神，留下這麼多奇聞軼事，說明了惠美須神有多麼受到京都人的愛戴。

1 鳥居最上方橫木稱「笠木」，笠木之下的橫木為「貫」，額束則指在笠木跟貫的正中間，用來懸掛匾額的地方。

2 在長柄竹耙子上裝飾著各種招福招財的裝飾，因造型像熊掌得名，寓意能扒進來很多錢財、財源廣進，是所有生意人必買的吉祥裝飾物。

觀音寺（今熊野觀音寺）
京都市東山区泉涌寺山内町 32
075-561-5511
8 點～ 17 點

泉涌寺
京都市東山区泉涌寺山内町 27
075-561-1551
3 ～ 11 月，9 點～ 17 點（結束受理 16 點 30 分）
1 ～ 2 月，9 點～ 16 點 30 分（結束受理 16 時）

在「日向大神宮」體驗參拜伊勢神宮的氣氛

即使是京都人，大概也不太清楚我接下來要介紹的地點，自從我介紹過這個隱藏版紅葉勝地後，這裡的知名度開始慢慢攀升，這幾年從「南禪寺」轉移陣地前來的旅人似乎有逐年增加的趨勢。但話雖如此，到目前為止這裡還勉強稱得上是比較少人知道的私房景點。跟同樣在東山山腳下的紅葉勝地相比，「日向大神宮」的人潮顯然少了很多。

就算開口跟計程車司機說請載我到「ヒムカイダイジングウ」（himukaidaijingū），司機先生很可能會滿臉狐疑地看著你。有些人連京都有這間神社都不知道，當然也會有人把日向大神宮念成是「ヒュウガダイジングウ」（hyūgadaijingū）。神社位於蹴上傾斜鐵道的最深處，的確很多人不知道路。

第一次來的人可能會有點擔心，但是路就這麼一條，怎麼走都一定能抵達目

日向大神宮
京都市山科区日ノ岡一切経谷町 29
075-761-6639
自由參拜
社務所：10 點～ 15 點

的地。

走進萬籟俱寂的神社境內，迎面而來的是稻荷神（神田稻荷神社），沿著左手邊的石階一路往上爬便抵達拜殿。拜殿的深處是神宮的外宮，從外宮過橋再往裡面走會看到內宮。

看到這裡，相信曾去過「伊勢神宮」的讀者一定發現了，我這種比喻可能有點失禮，但這裡儼然就像迷你版的伊勢神宮。

往另外一條岔路走設有伊勢神宮遙拜所，那裡的確有種自己真的在向伊勢神宮參拜的感覺。

或許是因為神社地處僻靜，這裡的空氣十分清新，紅葉的色彩斑斕豔麗。即使在紅葉的旺季也沒有大量人潮湧入，可以一邊靜靜聆聽迴盪在山林的鳥叫聲，同時飽覽美不勝收的紅葉。

從內宮的岔路走進去還有「天岩戶」[1]可供參拜客行走穿過，這個景點最近愈來愈受歡迎。

奉祀天照大御神的神社除了有隱藏版紅葉可賞，參拜迷你版伊勢神宮之外，還有好幾個地方都很有看頭，請一定要親自過來走一趟！

1 日本神話「隱身天岩戶」中登場的一處岩洞。天照大神因為受不了弟弟素盞鳴尊在諸神居所高天原惹事生非鬧出人命，憤而把自己關在岩洞「天岩戶」裡，世界頓時陷入黑暗，八百萬神為了解決問題便請天鈿女命在洞外天載歌載舞，天照大神因洞外的喧譁而好奇，悄悄推開一條縫隙想一探究竟時，埋伏在一旁的天手力男神趁機將天照大神拉出洞外，終於讓世界恢復光明的故事。這裡的天岩戶是根據神話開鑿山洞仿造，真正的「天岩戶」位於宮崎縣高千穗町「天岩戶神社」。

「日向大神宮」與紅葉

「永觀堂」之回首阿彌陀

提到賞紅葉的景點，絕對不能忘了「永觀堂」，俗稱「紅葉永觀堂」，只要一說到紅葉，這裡肯定會被提起。

這座能欣賞到美麗紅葉的寺院，正式名稱叫做「聖眾來迎山無量壽院禪林寺」，名字很長一串。即使說得出寺院全名，計程車司機恐怕也是滿臉問號吧。京都的寺院大部分都是這樣，可以肯定的是「永觀堂」已經完全被當成這座寺院的正式名稱。這裡是淨土宗的寺院。

一入深秋，來參拜兼賞紅葉的旅人擠得寺內水瀉不通，但寺內還有很多值得一看，例如主要奉祀的「回首阿彌陀」。阿彌陀佛像不是面朝正面，而是轉向側邊，這即使在全日本也極為罕見。

這尊阿彌陀佛像，背後有個關於佛像為何以側臉示人的故事。

當時的住持是一位名叫永觀律師（一〇三三～一一一一年）的偉大僧侶，一日清晨經行念佛時，阿彌陀佛像突然從佛壇翩然而下，領著他，跟他一起經行。

驚訝的永觀一時啞然躊躇之際，阿彌陀佛像驀然朝左後方回望對著永觀說：

「永觀，太遲！」

從那時候開始，阿彌陀佛像的脖子就沒有再轉回來了，至今仍是扭肩朝左後方的回望之姿[1]。翻譯成白話意思大概是：

太慢了，永觀。再不加快腳步都要中午了

這代表阿彌陀佛不放棄落後者，耐心等待眾生醒悟的慈悲，在點出落後事實的同時又親身引導的姿態。

親炙回首阿彌陀像的風采，並以自己的理解去詮釋才是最棒的。

這座寺院還有另一個地方也不容錯過。

那就是種植在寺內的「三鈷松」[2]。松樹的針葉通常是二針一束，但這棵松樹

聖眾來迎山無量壽院禪林寺（永觀堂）

京都市左京区永観堂町 48
075-761-0007
9 點～ 17 點（結束受理 16 點）

的針葉卻是三針一束。據說三針各自代表了「智慧」、「慈悲」與「真心」三種福慧，落葉也被人們當成護身符。仔細找一下一定找得到，如果找不到也可以拜託寺內販賣部的工作人員，請他們分享一點給你。

1 根據永觀堂官網資訊，回首阿彌陀的故事發生在一〇八二年二月十五日（永觀時年五十）拂曉之時，據傳永觀為感懷佛祖示現教誨，晚年命工匠刻像留形傳世，佛像高七十七公分，為平安後期～鎌倉初期之作（平安時代至一一八五年結束）。

2 佛教法器金剛杵的其中一種，杵的頭尾兩股各伸出鋒利的三爪股叉，三針一束的針葉形狀恰巧類似三鈷杵，故命名為三鈷松。

「須賀神社」之情書始祖

在京都即使跟人家說「須賀神社」，應該很多人都不知道，畢竟日本全國到處都有「須賀神社」。

遠古時期素盞嗚尊在「出雲國須賀」斬殺了八岐大蛇後說道：

吾來此地，我御心須賀須賀斯而（白話：我一到此處便感到心中無比舒暢）

據傳神社的名字源自素盞嗚尊在出雲國須賀修築宮殿的傳說。真是個一語雙關令人會心一笑的趣味傳說。

京都的「須賀神社」如今坐落在「聖護院」附近。

原本神社位於今日「平安神宮」裡鎮守「蒼龍樓」鬼門的西天王塚，與「岡崎神社」的「東天王社」兩兩成對，被稱為「西天王社」。

後來到鎌倉時代，又被遷移至吉田神樂岡，直到大正時代末期，才終於落腳到今日的所在地。

出於各種原因導致寺社四處輾轉遷移，是京都神佛的日常。

不過既然「須賀神社」祀奉的是素盞嗚尊跟櫛名田比賣這對幸福美滿的夫婦，自然能為信眾帶來好姻緣，還能保佑闔家平安。

「須賀神社」與吉田山有很深的淵源，節分祭（每年二月三日）時的參拜客尤其多。

有別於一般節分祭總有灑豆驅鬼的橋段，在須賀神社節分期間登場的是一群頭頂烏帽子，身著古代傳統裝束「水干」，並以白布蒙面形跡可疑的男子。

這一身打扮雖然古怪，但其實只是在兜售「懸想文」，他們個個身家清白不是什麼不正經的人。懸想文就類似我們現在說的情書，據說平安時代的貴族會偷偷兼差替人代筆寫情書賺取零用錢。能為人代筆想必字應該很漂亮才是，但貴族落魄到兼差賣情書實在太沒面子了，所以才用布把臉遮起來。

「代筆」一詞如今幾乎已成絕響，連情書的存在也變得岌岌可危的今日，一年一次機會難得，藉由懸想文遙想這段風雅又饒富情趣的過往也很有意思。

在京都旅行追憶年少輕狂如飛蛾撲火般奮不顧身的戀情。這一切雖然都已離現實很遙遠了，那麼至少將情感寄託在這「懸想文」上吧。

須賀神社｜京都市左京区聖護院円頓美町 1
075-771-1178
9 點～ 17 點

「野宮神社」之黑木鳥居

造訪神社時人們首先會看到鳥居，接著才會看見狛犬。

人們總認為兩者的存在理所當然，總是匆匆往前走不太會注意到它們，但如果仔細觀察，它們不僅很有味道，也十分耐人尋味。

鳥居是劃分我們凡人所居住的世俗與神明所居住的神域之間的結界，鳥居的裡面就是神社。

最常見的鳥居形式是塗成朱紅色，最上層笠木兩端向上微微翹起的「明神鳥居」。稻荷系神社或八幡宮／神社的鳥居通常都是長這個樣子。

明神鳥居底下還有另一種鳥居形式叫「春日鳥居」，很多人以為它源自於同名的奈良「春日大社」鳥居，但也有一說認為並非如此。

如果仔細看鳥居的各個部位，會發現「春日大社」的鳥居跟典型的「春日鳥居」有微妙的差異。

除了學者跟神職人員，我們一般人沒看那麼細其實也無所謂。我認為掌握到最常見的鳥居叫作「明神鳥居」這種程度的知識就差不多了。

跟「明神鳥居」之間區隔最明顯的是「神明鳥居」。

「明神鳥居」有而「神明鳥居」沒有的，除了笠木底下多一層島木，還有笠木兩端微翹的角度。可以說「明神鳥居」是流線型，「神明鳥居」則是直線型。

後者的外型較前者古樸。到神社參拜時仔細端詳神社的鳥居也蠻有趣的。

還有一個被歸類在「神明鳥居」底下的是「黑木鳥居」，其奇特的外形，即使只為了抬頭欣賞鳥居而造訪也值得。

很多人以為神社的鳥居要不是塗成朱紅色，就是石造的。帶著先入為主的理解，再看到嵯峨野「野宮神社」的黑木鳥居時，眼前不可思議光景將在心中留下難以抹滅的印象。

不過，據說這是日本最古老的鳥居樣式，相傳在古代只要談到鳥居，古人都習慣使用帶樹皮的黑色原木來造鳥居。

接著要來介紹「野宮神社」，這座神社歷史悠久，相傳是齋王[1]為代表天皇到伊勢神宮侍奉天照大神，在離開京都前的淨身之地。此外，它也曾在《源氏物語》第十帖〈賢木〉之卷登場，這裡以六条御息所與光源氏離別的舞台而著稱。

這段淒美的故事被改編成能劇的劇目《野宮》，在一場六条御息所亡靈與行腳僧面對面的場景，可以見到能舞台上有著跟神社類似的黑木鳥居跟小柴垣（樹枝編成的籬笆）的道具布景。

在這瀰漫著風雅氣息的嵯峨野，突然出現這麼一座黑木鳥居，不知為何總覺得有些落寞，可能因為這個故事的緣故吧，夢境與現實間的虛實交錯是京都的另一種魅力。

如同剛剛介紹過的，穿過鳥居後就是神的領域。穿過鳥居前先行禮致意，可以

1 日本古代天皇即位時，代表天皇赴伊勢神宮或賀茂神社出任巫女未婚的內親王或女王。又稱齋皇女。

的話請避免走在參道的正中間（神明的通道）盡量靠邊走。然後轉身仔細回望鳥居，將它的姿態深深烙印在心底，更加深這趟京都之旅的深度。

「野宮神社」的「黑木鳥居」

野宮神社 | 京都市右京区嵯峨野宮町 1
075-871-1972
9 點～ 17 點（結束受理 16 點 30 分）

狛犬、狛狐、狛鼠

鎮守在鳥居兩側的狛犬，感覺像是在守護神社或迎接所有到訪的人。各位可曾想過，設置一對狛犬的目的究竟是為什麼？

是不是覺得好像有點懂，但又不清楚當中的細節。然後忍不住狐疑，狛犬是狗嗎？但有時看起來像隻獅子，有時看起來又像老虎……

飛鳥時代（五九三～七一〇年）傳入日本時是獅子的這種說法，據說是最可靠的，而且追溯到最源頭竟然是那座人面獅身像。狛犬的存在彷彿守護神聖事物的守護神。

據傳「狛」這個字是從漢字「拒魔」衍生而來（兩者日文發音都是koma），意指為了抵抗惡魔而存在。

如果是這樣，倒不見得一定得是狗或獅子，京都彷彿為了應證這個觀點似的，各地神社都有造型奇特的狛犬。

例如坐鎮在「伏見稻荷大社」門口的根本不是狛犬，是狛狐。想想也很合理，畢竟稻荷神的使者是狐狸嘛。其他還有野豬或老鼠，有時還會看到鹿，這究竟是為什麼呢？去追溯由來也是件很有意思的事。

鎮守在神社鳥居兩旁的雕像被稱為阿吽像，其造型大多是狛犬，據說阿吽的「阿」（a）代表嘴巴張開第一個發出的聲音；「吽」（hūṃ）則代表嘴巴閉合到最後時會發出的聲音。阿吽（a-hūṃ）為佛教真言之一，代表起始跟結束，引申為整個宇宙。

然而鎮守在「清水寺」山門兩側的狛犬，左右兩邊的嘴巴都是張開的。換句話說不是「阿吽」像，是「阿阿」像。據說這是有原因的，因為寺方想要讓爬上長長的清水坂前來參拜的人都呵呵大笑，才把這樣的心情灌注在狛犬上，實在是很幽默。

這或許也體現了出佛教思想裡周而復始，永無止境的輪迴轉世。

「大豐神社」將阿吽像做成比狛犬更俏皮可愛的老鼠造型，或許也是基於跟清

大豐神社
京都市左京区鹿ケ谷宮ノ前町 1
075-771-1351
社務所：9 點～ 17 點

水寺同樣的想法吧。

距離哲學之道很近，主要祭祀大國主命的神社，社域內末社「大國社」是鹿谷的產土神[1]。其他末社還有猿猴跟鳶鳥坐鎮，每一尊都有祂的來歷。

「京都御苑」附近的「護王神社」也不是狛犬，而是以野豬迎接參拜客。

如果把尋找阿吽像中的動物當成京都之旅的目的，倒也挺有意思的。

1 土地的守護神，神格類似華人社會的土地公。

「大豐神社」的狛鼠

第三章

摸清京都人的真正心思——京都的用字遣詞

靜・京都與京用語

想安安靜靜地享受京都之旅，有一件事很重要。

就是要理解京都話。

靜・京都，同時也意味著「日常便服版」的京都。不是濃妝豔抹盛裝打扮的那種，唯有未施脂粉的京都才真正潛藏著寧靜。

電視綜藝節目上不時出現誇大調侃京都人性格或用字遣詞的內容，但那個才是虛假的京都，跟真實的狀態大相徑庭。

尤其是京都用語變成做節目很好發揮的哏，而且經常用一種與現實不符的方式呈現在觀眾眼前。

其中最大的誤解，就是把「京言葉」（京都話）視為關西腔的一部分。

即使有人會把關西人講的話稱為關西腔或大阪腔，但並不會稱呼它是京都腔。

由於京都話的起源與方言不同，因此才委婉用了「京都話」這種說法。京都話雖常被人說是裝模作樣，覺得京都人不知道在跩什麼，但我認為是歷史背景使然，京都話無可避免地發展成今日的樣貌。

如果能正確理解這些常遭調侃的京都用語或京都人說話的方式，會對旅人安安靜靜地享受這趟京都之旅有很大的幫助，接著就來舉幾個例子吧。

要享受靜・京都，最重要的是把自己化身為京都人，而不是一個旅人。

如果誤解京都人的性格或說話方式，肯定會產生意見相左甚至尷尬的場面。

這種狀況有時是因為誤會，但有時可能從頭到尾根本就不知道。如果各位能把以下內容當成京都旅行時的參考來接觸這些京都用語，將是我的榮幸。

我認為想深度理解京都這座城市，也可以從幾個「京都關鍵字」下手循線追溯，所以一併寫在這個章節裡。

一見さんお断り——謝絕生客必有因

經常聽到很多人說，京都很多店家都「謝絕生客」。

如果這裡說的是「茶屋」[1]，那的確是這樣沒錯，但其他店家的話卻未必如此。雖然有些店沒提前半年以上預約還約不到，但這種狀況又另當別論了。

茶屋之所以貫徹「謝絕生客」的規則，真正的意義在於希望「用心款待」到訪的賓客，完全不是為了要刁難客人。

茶屋願意付出一切努力，只為了澈底掌握客人心中所期待的服務，希望做到讓客人打從心底滿意。為了達到這個目的，得必須非常了解客人才行。未曾謀面的生客，在不清楚客人喜好的狀況下要做到賓至如歸根本不可能。

外加所有費用通常是由茶屋先為客人代墊，待日後再結帳，對不清楚底細的生客很難這麼做。以上都是基於茶屋與客人之間長久以來建立的信賴關係才得以成立。

所以說「謝絕生客」必有因。

1 意指在京都花街（祇園、先斗町等特定區域）藝伎招待賓客的宴會場所。

よろしいな——挺好的啊

假設以下對話的場景發生在京都一處割烹店的吧台，一位客人正在跟店主閒聊聊到自己昨晚用餐的那家餐廳。

該餐廳是最近爆紅的名店。你在描述這件事時不自覺流露出一絲得意。

此時割烹店的女將（女主人）說了一句：「よろしおしたなぁ」（挺好的啊）。但女將心裡對這件事的態度其實是，關我什麼事啊。她沒有覺得不好，但也絕對沒有心生羨慕，只是對這個話題本身不感興趣。

無論讚賞也好，批判也罷，基本上在京都任何一家店裡，都最好都不要提到其他店家的事。

京都人雖然經常把「挺好的啊」掛在嘴上，但心裡究竟覺得好或不好，沒有看現場氣氛的話是完全無法得知的。

以下是兩個京都人在街角偶遇時的對話。

「你要外出啊？」

「是啊，去一下那邊。」

「挺好的啊。」

到底好在哪裡？你根本就搞不清楚，這就是京都人的問候語。

この前の戦争——要不是先前的那場戰爭啊

「京都人要是提到『先前的那一場戰爭』時，說的可不是『第二次世界大戰』，是在講『應仁之亂』，而且還講得跟真的一樣。」

上述這段話看起來像是在消遣以漫長歷史為傲的老派京都人，不過，雖不中亦不遠矣。

「應仁之亂」毫無疑問為京都帶來極大的破壞。今天的京都之所以一點平安京時代的遺跡都沒有留下，全都是拜「應仁之亂」所賜。日本歷史上許多重要的建築物幾乎都毀於那場無情戰火。

雖然說歷史不會有「如果當時如何就好了」這回事，但如果沒有「應仁之亂」，今天的京都肯定還飄散發著平安時代的風雅香氣吧。

京都人是懷抱著對歷史事件的不甘心，在談「應仁之亂」跟「先前的那一場戰爭」。

這不僅僅是句玩笑話，亦可說是京都人純粹情感上的宣洩。

ぶぶ漬け伝説——茶泡飯傳說

應該沒有能比這更有名的都市傳說了。只要提到京都，一定會拿「茶泡飯傳說」出來說嘴。

他們把茶泡飯用來當作京都人有多難搞的經典範例，繪聲繪影說得跟真的一樣。

故事是這樣子的，去京都人家裡作客，一不小心就聊到忘我，而時間也差不多了。此時主人開口詢問說：「要不要來碗茶泡飯？」

要是傻傻地把對方的話當真，等著對方端茶泡飯來，可是會惹來一陣白眼的。無論你再怎麼等，那碗茶泡飯永遠都不會端出來。因為這句話其實是在暗示你「趕緊給我回去」。

故事說得可真精采啊。不過，仔細想想這種情況真的會發生嗎？如果這個人真有個那麼要好的京都友人，那就算主人什麼都沒說，客人自己也應該知道何時該告辭吧。我住京都超過六十年，從來沒被主人問過什麼「要來碗茶泡飯嗎？」這種話。這充其量不過是想講京都人有多壞心難搞而捏造出的故事罷了。

天神さん——天神桑

京都人說話說實在真的蠻麻煩的。連我這個京都土生土長的人都這麼說了，肯定不會錯。

即使同樣的一句話，也會因為當時的狀況產生不同的意思。

例如在日本新年「松之內」後不久，兩個京都人碰面了。

「你要外出啊？」

「是啊，我去一下『天神桑』。」

「你們家孫子今年要考試了是嗎，祝他考試順利！」

「謝謝啊！」

兩人互相道別。我想各位都看得出來這段對話談到要去祈求金榜題名。不過，如果這段對話發生在二十五日，意思可就不一樣了。

「你要外出啊？」

「我正要去『天神桑』那邊。」

「是嗎，祝你挖寶成功滿載而歸啊！」

從對話內容馬上就能意會，這裡講的是每個月二十五日舉辦的「天神市」。

換言之，京都人之間的對話只有在熟知一切的前提下才能成立。

真的是有夠麻煩！

おいでやす——京都版歡迎光臨

我想應該很少人會意識到自己走進京都的店家時聽到的第一句話「歡迎光臨」，通常有兩種版本。

如果只是途經某家漬物店，隨意走進店裡，會聽到店家說「おいでやす」（oideyasu）來迎接客人。

但如果你去的是事先預約好的割烹店。一穿過暖簾進入店內，應該會聽到女將說「おこしやすぅ、ようこそ」（okoshiyasū, yōkoso）來迎接你才是。

「おいでやす」是對所有入店參觀的客人說的歡迎光臨，各位可以把「おこしやす」想成是比前者更有禮貌版本的歡迎光臨。

當中隱含店家「感謝您不遠千里而來」版本的「歡迎光臨」。

京都人會不露聲色地暗自區分這兩種說法。如果能察覺當中的不同，就能了解自己在京都受到何種程度的迎接。

不過最近多了很多非京都在地人開的店，在那些店家並不存在說法上的區別。

おもたせ——客人帶來的伴手禮

一個詞如果聽起來散發出京都味，愈有可能遭到誤用，說起來實在蠻可悲的。最近經常看到的「おもたせ」（omotase），大概是其中最經典的誤用。

看到雜誌上的京都特輯或京都旅遊指南，似乎把客人帶來的伴手禮「おもたせ」當成「時髦伴手禮」的意思來用，但事實上這並非它本來的用法。

幾個人一起去京都人家裡作客，各自帶了伴手禮前往。假設他們都帶了茶點好了。

一到喝茶時間，主人會呈上剛剛從客人那裡收到的茶點，然後說：「雖然是『おもたせ』，我們就一起享用吧！」

只有在這種時候才會用到「おもたせ」這個詞。意指不是主人自己準備的，而是別人帶來的東西。

如果把一般伴手禮說成「おもたせ」送給對方，完全是錯誤的用法。媒體竟然還散播錯誤的用法，實在很傷腦筋！

老舖——在京都，百年才稱得上老店

我在看電視台美食節目介紹到京都西式糕點店時，聽到「昭和五十年創業的西式糕點老店」。

在京都，只有創業超過百年，才稱得上老店。連五十年都還沒滿的店根本就不是什麼老店！

也不是說老就代表有價值，在京都自成一套規矩。

從不以「老」自豪，也是京都店家的特色之一。如果一家店約有百年歷史，店家會謙稱：「敝店還只算是新來的」；而如果是擁有數百年歷史的店，他們會說：「我們這家店除了老之外也沒什麼別的強項」。

正因為是正宗京都老店，所以店家從來不以「第幾代」自豪。更別說刻意在店號上張揚自己是「第幾代傳人」什麼的，這種事老京都人是絕對做不出來的。

因為京都是座擁有一千兩百多年歷史的古都，老店多不勝數。會以此自誇的店鋪，只能說庸俗到了極點。

暑おしたなぁ——今年的夏天也好熱啊

京都人十分重視四季時序的更迭變化，甚至認為是自己肩負的職責。因此京都人忠實地遵守曆法。

京都的夏天十分炎熱。七月底，兩個京都人在街角偶遇時會這麼說「暑いおすなぁ」（atsuiosunaa，好熱啊）、「ほんに暑いこととす」（honniatsuikototosu，真的很熱呢）。

但立秋一過，提到熱的時候日文說法就變了。變成「暑おしたなぁ」（atsuoshitanaa，好熱啊）或「今年も暑い夏どしたなぁ」（今年的夏天也很熱呢）。從「おす」（osu）、「とす」（tosu）變成了過去式「おした」（oshita）、「どした」（doshita）；書信中的問候語也會從「暑中」轉換成「殘暑」，京都人連一般說話都會在時序上做出明顯的區隔。

從小到大我們被再三告誡，一旦過了松之內期間，家裡如果還擺著正月裝飾會很丟臉，這項規則如今也被擴及到聖誕裝飾上。

京都人之所以格外注重季節變化，完全源自京都惡劣的氣候。度過嚴冬，立春一到，不管再怎麼寒冷也要說聲「春天終於來了，挺好的啊」。

門掃き——京都人恰如其分的親切「鄰家門前掃三尺」

我也不清楚京都人是不是真的那麼愛乾淨，走在京都的街道上，經常看到有人拿著掃帚在門前清掃。京都話叫做「門掃き」（kadohaki）意指打掃家門。

因為京都的老房子很多，考量到保持整潔免得讓房子看起來髒兮兮的，京都人早晚都會在自家周遭灑掃庭除。

這也是小孩子要負責的工作，從小家裡就嚴格教導要做好打掃家門的工作。同時透過打掃家門，學習與鄰里之間的關係。

「鄰家門前掃三尺」[1]，也就是除了自家門口之外再往鄰居家多掃一公尺左右。掃超過了變成多管閒事惹人嫌，剛剛好只掃自家範圍則又顯得見外。最恰當的清掃範圍就是三尺。

這其實相當程度反映了京都人之間人際往來的距離感。雖然跟鄰居保持好關係很重要，但是絕不侵門踏戶擅闖對方領域。正因為如此，人際之間往來才能長久。店家跟顧客之間的關係亦是如此。

1 一尺等於30.3公分。

京の台所——京都的廚房

「錦市場」長久以來一直有「京都的廚房」的美譽，然而遺憾的是，現在京都人幾乎都不這麼認為了。

至少在二十年前左右，「錦市場」絕對還是「京都的廚房」，在京都人心目中占有特殊的地位。

跟自家附近的市場不一樣，要上「錦市場」買東西時，連小孩子都會感到緊張。那裡畢竟是飲食專業人士的聖地。

過去「錦市場」裡的每一家店都陳列出店家精挑細選的商品，他們帶著驕傲在做生意，會掂掂客人的斤兩也是很正常的事。

然而曾幾何時，這裡已經完全走樣了。店家不但競相增設內用座位區，還把你想得到的所有食物用竹籤串起來，鼓勵大家邊走邊吃。此外，還多了不少跟食物一點關係都沒有的店鋪，搞得錦市場根本跟亞洲路邊攤夜市一樣擠得要命。

時至今日，「京都的廚房」早已搬遷散落在京都市區內其他的市場了。

見送り——京都的送客文化

在京都的餐廳用完餐，結完帳，走出店門。如果這家店很有心，肯定會由店主或女將，有時甚至兩位一起到店門口送行。

這時候請表達出自己最誠懇的感想吧！如果對餐廳服務感到滿意，請直接告訴對方。話不必多，一兩句就夠了，畢竟店裡還有其他客人在，最好別說太久。

最後再次彼此問候後，轉身離開餐廳。不過，千萬不能就這樣直接離去。這時候請記得回過頭來看一下，對方如果仍站著原地或還在鞠躬送行時，請向他們點頭致意。就像彼此依依不捨的儀式那樣。至於店家要這樣送多久？大概要一直送到轉角轉彎看不到客人為止。所以客人得趕緊走到轉角才行。

依依不捨是京都的一種習慣。所以無論是送客的一方或被送的一方，都很重視那細細品味最後餘韻的「送行」。

探索關鍵字解讀京都

1 水

日文當中有個詞叫做「山紫水明」，漫步在京都，所到之處總會有旖旎風光映入眼簾。

群山在陽光映照下染成一片紫，河川流水澄亮清澈。書裡提及個人私事還請各位讀者別見怪，我的母校「紫明小學」的校名正是源自「山紫水明」一詞。此外，位於鴨川畔、河原町丸太町附近，過去曾經是江戶時代文人賴山陽的書齋「山紫水明處」。

山的色彩隨著季節更迭變化萬千，夏天是綠、秋天是紅，一到了冬天便轉換為白或茶色，唯有在初春時節才會渲染成滿山泛紫。春霧繚繞的東山宛若舞伎睡著時清朗豔麗的身影，這麼說來好像也有點像山蓋著一床紫色的被褥。

另一方面，京都的水跟山不同，水色始終如一，潺潺流水流經京都各大主要道路，京都第一的河川是鴨川。

古有白河上皇將賀茂川之水與雙六之賭局、山法師（比叡山延曆寺之僧兵）並列為「天下三不如意」，實在很難想像過去賀茂川曾是條狂暴氾濫的河川。

京都是水做的，我一直對這種說法心有戚戚焉。無論是包含鴨川在內的眾多河川、或是從東、北、西三面環繞京都盆地的群山中流出來的水，再加上遍布洛中一帶的名水水井，漫步街頭不時與「水」邂逅，才真正稱得上身在京都。

「水」本質上的晶瑩剔透、清澈透亮，不僅充分滋養了雙眼，潺潺的流水聲亦洗滌療癒了雙耳。

親近水，漫步在襯托京都之美的鴨川，也別有一番樂趣。

就從洛北北大路橋附近出發吧。這一帶河岸最近剛整治完成，散起步來比過往舒適愜意得多。想從右岸或左岸開始走都行，一邊近距離觀察河水流動，然後一路往南走。

若將視線朝東邊看，比叡山、如意嶽等東山群峰相連，描繪出一條平緩的稜線。眺望遠山新綠的同時，也追尋著從北流向南的流水。

走到這裡你應該會發現，從出雲路橋一帶觀察到的比叡山跟如意嶽的比例，要比出發時來得更美了。這是因為山的距離拉近了，其風貌也隨著散步而改變。

繼續往南走，你會在短距離內接連遇到葵橋、出町橋，再到賀茂大橋，賀茂川在這裡跟高野川匯流而成鴨川。

走到這裡為止都還只能叫作賀茂川，還不能稱之為鴨川。

抵達賀茂大橋後，再朝北邊望去。

遠方北山的山峰聳立，山麓奔流而來的兩條河川交匯。左手邊看到的是出町橋，與右側橫跨高野川的最後一座橋——河合橋，河川在此處會合故得此名，距離河合橋北邊不遠處乃世界遺產之一「下鴨神社」，其別社「河合神社」以主掌姻緣的守護神聞名。我想就算只站在賀茂大橋上朝神社方向虔誠合掌應該還是十分靈驗。

從賀茂大橋沿著今出川通往西走，目標是「京都御苑」。這裡是天皇的故居，御所內也有幾處小溪流，可以與水親近。別走寬闊的碎石路，改沿著東側的森林小徑往南走，不一會兒便會遇見一座小巧別緻的神社「梨木神社」。

神社秋天的萩祭雖然也很出名，但最受歡迎的還是境內的湧泉之井「染井名水」。花點時間排隊等待嘗上一口，滋味著實甘美芬芳。藉此再次深刻感受到，京都真的是「水」做的。

2 祈

京都之所以為京都，全仰賴神社佛閣的存在。

以斷惡緣聞名的「安井金比羅宮」

京都有十七處世界文化遺產。除了「二条城」以外全部是寺院或神社。家喻戶曉的觀光勝地「金閣寺」、「銀閣寺」、「清水寺」，以及在〈水〉這一節中提及的「下鴨神社」都名列其中，放眼望向京都所有神社寺院，我剛剛提到的這些寺社其實僅占其中的一小部分罷了。

對京都人來說，神社跟寺院不是觀光的地方，而是日日獻上「祈願」的場所。元旦。初詣新年的第一拜，會去自家附近的神社。之後通常就看自己想求什麼，選擇有求必應的神社參拜，但即使不是什麼特別的節日，對生活在京都的人而言，「祈願」已經深深融入京都的日常生活。

行經附近的氏神或產土神面前時，京都人肯定不會直接就這樣走過去。不趕時間的話會進去拜殿參拜，即使趕著走，也會在鳥居前拍手遙拜。不管寺院規模多小都一樣，行經寺院山門時，不分信仰門派一定雙手合十致意。無論行程有多趕，都不會忽略至少行個注目禮。京都人這樣的舉動並非來自於義務，而是習慣使然。

街角的地藏菩薩是孩子們的守護神，在京都經常可以見到京都人把糖果供在佛前雙手合十的光景，這部分就如同我們前面所介紹的內容。

而「祈願」也等同於「敬意」。

觀光客將「五山送火」視為一項觀光活動，然而這項活動的本意是京都人為了恭送盂蘭盆節時回到陽世的祖先靈魂，能平安回到彼岸的一種「祈願」。

要恭送祖先靈魂，首先得先迎接才行。

每年八月七日至十日，位於東大路通往松原通西側的「六道珍皇寺」都會舉行迎接祖先靈魂的活動「六道參」。

這個區域正好位於平安時代墓地「鳥邊山」的入口，因此被視為陽世通往另一個世界的交界處，據說盂蘭盆節時祖先靈魂都會先經過這裡再回到陽世。

盛夏烈日下，人們排起平常不愛排的長長隊伍恭迎祖先的魂魄，祖先們在盂蘭盆節期間於陽世短暫停留後，人們又在熟悉的地點燃起送魂火，恭送祖先返回冥界。

話說回來，不是所有京都人都已開悟證果而在「祈願」，京都人根本充滿苦惱。有煩惱或困惑時，京都人再回來繼續「祈願」。

如果想擺脫當前的經濟不景氣，就去稻荷神社參拜。很多人相信只要能穿過伏見稻荷的千本鳥居必定會生意興隆財源廣進。

很多人希望締結良緣，但也不少人想要斬斷惡緣。

坐落於東山安井的「安井金比羅宮」就是當中的代表。

除了想斬斷男女孽緣的人之外，想斬斷病根、戒菸或戒賭的人也會來這裡向神明「祈願」。

不問國籍、不論宗教，人們虔誠祈願的樣子非常美。

京都市區跟郊外有許多「祈願」的場所，我認為虔誠祈禱的人們的存在，在在淨化了京都，也令它充滿了美。

3 豔

人們為什麼會嚮往京都、造訪京都，我在想或許有一部分是因為京都散發出「豔麗」的氣息。

如果我說「豔」與「祈」看似相互對比但在本質上殊途同歸，這種想法算是有

安井金比羅宮｜京都市東山区下弁天町 70
075-561-5127
自由參拜
授與所：9 點～ 17 點 30 分

點偏頗嗎。

例如春天。

櫻花季一到，京都車站從早到晚人山人海，飯店或旅館一房難求，這樣的光景持續了好長一段時間，直到一場新冠肺炎疫情席捲全球。

賞櫻勝地附近的料理店或餐廳前總是大排長龍。其實全日本幾乎到處都盛開櫻花，但不知為何只要一說起京都的櫻花，所有人的答案不外乎一個形容詞反覆出現，那就是「豔」。京都的櫻花是「豔櫻」，我自己也這麼覺得。

清水觀櫻過祇園，朧月夜逢人皆美

正如與謝野晶子[1]所描述的，京都的櫻花為人們點綴絢爛的色彩。當然，美麗的可不只是從祇園到「清水寺」這條路線而已。

花見小路新橋。我想應該找不到其他櫻花，能比白川巽橋畔「辰巳稻荷神社」附近的枝垂櫻更明豔動人了。春風照拂吹落的花瓣漂浮在白川川面潺潺流動的模樣，豔麗無與倫比。

眷戀著祇園的一切，也思念那潺潺流水枕下流

詩人吉井勇筆下描繪的情景，至今仍存在於祇園白川。

洛北鷹峰「常照寺」山門前開出可愛小花的富士櫻，它的「嬌豔」令人愛不釋手。

被問到有沒有推薦的賞櫻勝地時會不知所措的就是京都人。畢竟選擇實在太多了。

「辰巳稲荷」與櫻花

1　（一八七八～一九四二年）活躍於明治至昭和初期詩人、作家及思想家。除了留下眾多和歌作品，也將《源氏物語》、《和泉式部歌籍》翻譯成現代日語。

一棵綻放在不知名寺院裡的櫻花樹，開滿枝頭爬出町家牆外的八重櫻，「嬌豔」的櫻花在古都漫天綻放。

花季結束後，歷經長時間的綠意，要等待半年後樹葉染色轉紅之時，人們才會再次將目光投向京都。跟櫻花一樣，京都市中樹葉無處不染紅。

如果說櫻花飄落之初最美，那麼樹葉染紅之始就是它最美的時候。

春天從鄉間開始，秋天則從山裡來。洛北深山裡，牛若丸當年修行的鞍馬寺周遭的樹葉一開始染紅變色，侘寂的山林剎時「豔麗」了起來。

隨著秋天的腳步，紅葉逐漸蔓延到上賀茂與下鴨神社一帶。此時「豔麗」的可不僅是紅葉，黃葉也自帶「豔麗」。

京都少有的寬闊大道，紫明通與堀川通綠化帶的銀杏渲染成燦爛金黃的姿態，在朗朗晴空的映照下顯得格外「豔麗」。

無論是櫻花的花瓣、樹葉的紅或銀杏的黃，變了色的樹葉終將有散落之時。

正因生命轉瞬即逝，才更顯「豔麗」。京都這座城市似乎擁有一種能力，可以讓某個地方的某個瞬間綻放光芒。

常照寺｜京都市北区鷹峯北鷹峯町 1
075-492-6775
8 點 30 分～ 17 點

辰巳稲荷（辰巳大明神）｜京都市東山区新橋花見小路西入ル
元吉町
自由參拜

說起「豔」這個形容詞，腦中最先浮現的應該是京都的花街。京都有五大花街，分別為祇園兩處（祇園甲部、祇園東）、宮川町、先斗町以及上七軒，彼此之間爭奇鬥豔。它們各有各的特色，例如上七軒是京都最古老的花街；宮川町是最平易近人的花街，觀光客在祇園一帶最容易看到舞妓跟藝妓。即使看不到舞伎跟藝伎，花街上還是能瞧見「豔麗」的光景。櫛比鄰次的茶屋，女將身著典雅和服送客時那堅毅凜然的姿態，同樣綻放出「豔麗」的光彩。祇園的夜靜謐且「豔麗」。

4 道

京都以棋盤狀格局的街道而聞名。

只要把南北縱向街道跟東西橫向街道組合在一起，每個人都有辦法順利抵達目的地，這其實非常方便。只要說出「河原町通四条上がる（河原町通四条通交叉口往北）」，計程車司機就聽得懂。

不過要記住這些街道名稱其實並不容易，所以京都人創作了童謠，讓小孩子在哼唱的過程中自然而然記住街道的名稱。

姉三六角蛸錦。四綾佛高松萬五条

由於曲調特殊，一旦學會了一輩子忘不掉。就跟騎腳踏車的道理一樣。不過歌詞上的街道也只占了京都街道的一小部分。棋盤格的縫隙還有各式各樣的小路。

最具代表性的就是那些連名字都沒有的「路地」（意指巷弄裡的小路）。通往町家跟町家之間的狹長路地是典型的京都意象。在日文裡，有出口可以通往另一條路的叫做「辻子」，「路地」指的其實是死巷子。路地的盡頭，有時也會藏著一些不得了的東西。

我來為各位舉個例子吧。

五条通到堺町通交叉口往北，過萬壽寺通後再稍微走一會兒，會看到左手邊出現一個奇妙的入口。原本以為是民宅的玄關，但看得見拉門深處有個朱紅色的小鳥居，空氣中瀰漫著一股詭異氣氛。

大膽拉開拉門走進去，在勉強容得下一個人通過的狹長路地的盡頭有座小祠，小祠的旁邊有一口井。

這裡是以「丑之刻參」[1]聞名的「鐵輪之井」。雖然這口井現在已經枯竭了，但相傳只要讓對方喝下這口井的井水就能斬斷惡緣，真是令人毛骨悚然的水井啊。

如果你認為這不過是古代的迷信，那可就錯了。井蓋上擺了很多裝了礦泉水的寶特瓶。據說只在水井上靜置一晚也有效，我猜應該是想斬斷惡緣的人放的吧。

更令人訝異的是，水井旁邊就是民宅，而居民也照樣在這裡生活。換句話說路地的入口也同時是這戶民宅的玄關。

1 日本自古流傳的一種咒術，身穿白衣，把臉塗白或塗紅，頭頂鐵環，鐵環上插著點了火的蠟燭，於丑時（約凌晨兩點）把象徵詛咒對象的小草人釘在御神木上，儀式連續進行七個晚上咒願即可實現。

由於這個地方並不特別出名，所以連京都人自己都不知道「鐵輪之井」的存在。這個成為能劇劇目的傳說，就這麼殘留在這毫不起眼，不知不覺就錯過的路地深處。這就是京都這座城市的深奧之處。

堺町通再稍微往北走，同樣在左手邊有座在《源氏物語》中相當出名的「夕顏」石碑。

這一帶被取名為夕顏町。「夕顏」，《源氏物語》裡的登場人物。就算是虛構人物，只要能融入京都這座城市，京都人都很樂意拿來作為町名。如果我說這就是京都人的氣魄，是不是有一點誇張。

夕顏之所以受到光源氏的青睞是因為開在圍牆上的夕顏花（葫蘆花）。故事中夕顏居住的宅邸就在五条附近，所以推測應該在堺町通跟高辻通交叉口一帶吧。沒有圍牆，但隔著民宅的園籬（註：現已沒有園籬）可以看到一塊刻有「夕顏之墳」的石碑。

以前居住在紫野雲林院的僧人，在結束名為「夏安居」的夏季修行時，為了每天於佛前供花進行「立花供養」。

某日黃昏時分，一名女子帶了一朵白花前來供養。僧人詢問她花的名字，她答道「夕顏」，並只透露自己住在五条一帶便逕自離去。深知女人是亡靈的僧人前去造訪，「夕顏」魂魄刹時現身狂舞。

能劇劇目〈半蔀〉的舞台或許也在這附近吧。

這裡不是什麼知名街道，可能不知不覺就錯過了的一條小路，竟然是歷史悠久的能劇劇目故事發祥地，這件事時至今日仍令人感到不可思議。

走在京都的街道上，除了可以一窺歷史場景，還有機會接觸到優秀的傳統藝能與文化呢！

第四章

品嘗靜・京都

靜靜品嘗最道地的京料理

品嘗好吃的京料理時，當然也希望身在安安靜靜的京都。

雖然受到疫情影響，京都稍微安靜一點了，但也因為這幾年京都觀光客多，有些餐廳你想安安靜靜地吃頓飯都變得困難重重。

因為客人都集中在那些熱門名店。

想在那些排隊人龍長到離譜，或沒提前好幾個月預約就吃不到的餐廳裡安靜用餐，並不是件容易的事。

旅遊指南或電視台旅遊節目經常介紹的名店，狀況大概也相去無幾。

與其說用餐，倒不如說店裡充斥著以拍照打卡炫耀為樂的客人。

品嘗靜．京都。

想達成這個目的，得去那些深受在地人喜愛的店家。或者選擇那種不是最近突然爆紅的，而是自古以來深受京都人喜愛的店。在那裡肯定能安安靜靜地享受京都的美味。

在居酒屋裡放鬆地吃一碗釜飯

京都的和食餐廳裡，最受歡迎的一定是板前割烹，這點我想應該不會有人反對。

招牌上無論有沒有掛上「割烹」兩字，這類餐廳通常以吧檯座位為主，客人可以欣賞廚師做菜的過程，當場享用美食。近十年來這類型餐廳在京都街頭四處林立。

店主大多是年輕的料理人。他們走的模式幾乎都是先在名店當幾年學徒，然後自立門戶出來開店。

不少料理人背後似乎另有出資的老闆，然而對一個三十出頭，有些甚至不滿三十歲的年輕料理人來說，餐廳店面氣派的程度似乎跟他們的資歷不太相稱。

這類餐廳的特色是只提供無菜單的主廚精選套餐，通常以用餐時間一到所有客人一起開動的方式供餐。價位主要落在日幣一萬四千圓到三萬六千圓左右，在我來看十分高檔，最不可思議的是這些餐廳還大受歡迎，沒有提前好幾個月訂還訂不到。這世界上瘋狂的客人還真不少呢！

我本來是想談論居酒屋的，沒想到一不小心就離題了，讓我們到正題上吧！

這些割烹都有一個共通點，就是在用餐的結尾會端出用陶鍋煮的飯，把米飯剛煮好熱騰騰起鍋的樣子秀給客人看，一舉將用餐氣氛推向最高潮。

有時是純粹白米飯，但大部分會加入當季食材一起烹煮。廚師雙手捧著熱騰騰的陶鍋，呈現在客人眼前。想當然耳，此時所有客人都會拿起手機一輪猛拍，感覺就像在喜宴上新人一刀切下結婚蛋糕的那一瞬間。

同樣都是陶鍋飯，我比較想推薦那種堅持傳統釜飯風格的居酒屋，而不是愛拍網美照客人愛去的那種熱門割烹店。

有兩家居酒屋，捨棄了滿足愛拍網美照客人慾望的「起鍋秀」，一心只想讓客人吃到真正好吃的陶鍋飯。

其中一間在京都最繁華的鬧區四条河原町附近，開在西木屋町一條小路上的居酒屋「月村」。

木屋町通以西，有條車子無法通過的小路叫西木屋町通，蜿蜒曲折，好吃的店家林立，是條很有京都風味的小路。

月村創業於昭和二十年（一九四五年），恰巧是二次世界大戰結束那一年。每次造訪月村，我總是在想一家在戰後百廢待舉狀況下掛上暖簾開業的店，時至年號令和的今日仍屹立不搖，真的非常了不起。

「月村」與另外兩家老牌居酒屋「神馬」及「ますだ」（Masuda）相同，都瀰漫著文人墨客會喜愛的氣息，在遠離喧囂的靜謐氣氛中可以安安靜靜地享受美酒佳餚。

來這裡當然是為了釜飯，不過好好享受從頭到最後收尾釜飯的一整段用餐時光，才是在「月村」吃飯最愉快的方式。

如果是一個人前往用餐，一定會想坐在吧檯，但吧檯座位只有三席，所以大部分都會被安排坐在方桌座位區。看著掛在牆上的長條狀黑底木牌白字寫的菜單，先來上一杯酒吧

月村｜京都市下京区西木屋町四条下ル船頭町 198
075-351-5306
17 點～ 21 點
周一公休、一個月一次周二公休

菜單裝在已泛黃的透明塑膠套裡，僅簡單地寫上冷酒、清酒、啤酒等飲料選擇。菜單上不會列出酒的品牌，這也是從以前就傳下來的作風。

「月村」在冬天有牡蠣、河豚，春天則推出山菜或筍子等各色時令佳餚，一年四季都大受歡迎的招牌菜是「經典燒賣」。我每一次去「月村」都必點這一道。

把小碗裡剛蒸好熱騰騰的燒賣，蘸上滿滿芥末熱呼呼地吃進嘴裡，趁辛中帶嗆大呼過癮之時，趕緊跟老闆點上一份釜飯。從點好到上菜大約需要三十到四十分鐘左右，必須反推好時間先點才行。釜飯的配料可以自己選，建議點綜合口味每樣食材都可以吃到。

另一家我想介紹給大家的居酒屋，儘管店內氣氛截然不同，但它跟「月村」一樣，從開始到最後收尾釜飯的整段用餐過程都非常享受，店面的位置就在洛北堀川今宮附近，叫做「岡田屋五郎」。

居酒屋開在寬闊的堀川通上一棟公寓的一樓，由年輕的店主夫婦跟員工共同經營，不管什麼時間去都讓人覺得很舒服，店主選用當季食材，菜色選擇多元，是家適合推薦給所有人的居酒屋。無論你是一人獨自前往、兩人用餐或家族聚餐，他

岡田屋五郎
京都市北区紫竹東高縄町 51-3（堀川今宮上ル東側）
075-495-2205
17 點 30 分～23 點 30 分（最後點餐 23 點）
不定期公休

們都樂意款待，每一道料理都是店家精心準備的，在此可以度過一段開心滿足的時光。

馬鈴薯沙拉、魷魚這種每家居酒屋都一定會有的菜色，它們家的調味就是跟人家不一樣，這兩道當然不能放過，還有冬季限定的炸牡蠣也是好吃到不行，跟蟹黃奶油可樂餅一起，兩道都是「岡田屋五郎」的鎮店之寶。

它的釜飯當然很讚，但我也很推薦一個只要日幣兩百圓，用超划算的價格就能吃到好好吃的鯖魚壽司。就讓我們在靜謐的居酒屋裡，安安靜靜地享受美酒跟佳餚吧。

「岡田屋五郎」招牌菜——蟹膏奶油可樂餅

京都相合之物「芋棒」和「鯡魚蕎麥麵」

「美食」（Gourmet）這個字眼感覺很老套，但或許是找不到其他字眼取代吧，長時間以來一直就這麼用了。換句話說不過也就是「好吃的食物」，但單純說「好吃」好像有點詞不達意；用「奢侈豪華」來形容似乎也不太適用，再加上「美食節目」、「美食特輯」這類詞語大家都已經用到習慣成自然了，以至於別無選擇地只能繼續使用它。

一說到京都美食，肯定會提到「番菜」這個詞。

我們把以蔬菜跟乾貨為主要食材的簡單家常小菜稱之為「番菜」，按照這個概念看，番菜跟美食這個字眼應該搭不上邊，然而媒體卻理解錯誤，又把錯誤的用法廣泛傳播給一般大眾，導致將錯就錯實在傷透腦筋。

過去我在其他拙作中也說過好幾次，「番菜」的「番」意指順序，決定好每個月的哪幾天，吃哪幾道配菜輪流著吃而衍生的詞彙。「番菜」本來是不會拿到店裡賣的，但在「番菜」等於京都美食之一的今日，不少餐廳也把「番菜」當成餐點販售。這或許也是一種時代的潮流吧。

除此之外，「番菜」其實是一種經過縝密思考的料理，它把便宜且容易保存的食材組合起來，做成簡單又好吃的料理。

這個發想的源頭來自於「出会いもん」（deaimon，相合之物）一詞。主要是將兩種食材組合，孕育出京都獨有的美味。這同時也成為「京料理」的源頭。順應時代而生的創意料理雖然也不壞，但我也想好好珍惜並用心守護前人智慧創造出來的，長久紮根於京都這塊土地的料理。

最具代表性的「相合之物」是「芋棒」。

外皮紋路如蝦子（日文為海老）般的海老芋跟鱈魚乾（棒鱈）一起烹煮而成的料理稱為「芋棒」，但過去這兩種食材都沒辦法在京都本地取得。

據傳江戶時代中期，在朝廷奉仕兼種菜的平野權太夫獲朝廷賞賜從九州帶回來的唐芋（中國傳來的紅薯），經過他的細心栽培，種出外皮呈蝦子紋路的上選芋頭，他想出把芋頭跟當時被視為進呈宮中珍貴貢品的鱈魚乾一起烹煮的料理，成為京都特色菜餚傳承至今。

不用講大家都知道鱈魚乾來自北海道，在京都這塊土地與九州來的芋頭千里相會，成就了芋棒的美味。

然而「相合之物」不單指兩種食材的結合，它最大的特色在於食材調性上的互補，借助海老芋中的草酸鹼成分可以軟化鱈魚乾；而鱈魚乾煮出的膠質會包覆海老芋，使其久煮不爛。

正因為食材搭配是有道理的，所以這道料理得以代代相傳，至今仍保留在我們的生活之中。

準備新年料理時烹煮過鱈魚乾的朋友一定知道，泡發跟烹煮鱈魚乾既費時又費工。烹煮海老芋也一樣，要在自己家裡做「芋棒」是有難度的。所以它跟其他家常的番菜不同，一般而言都會在餐廳裡吃。

堅持以一子單傳方式守護創始人平野權太夫傳承下來的滋味，並將「芋棒」這道京都傳統名菜的滋味延續到今天的，是位於圓山公園內的「平野家本家」。附近

平野家本家
京都市東山祇園円山公園内（八坂神社北側）
075-525-0026
午餐：11 點～ 15 點（最後入店、點餐 14 點）
晚餐：17 點～ 21 點（最後入店 19 點 30 分，最後點餐 20 點）

另有一間名字很像的店，務必小心別跑錯了。

點有附帶豆腐、小菜跟湯品的「月御膳」套餐，可以輕鬆品嘗到京都傳統名菜「芋棒」。因為海老芋跟鱈魚乾食材調性互補宛若天作之合，店家把這道菜稱為「夫婦炊」，這個說法確實很貼切。兩種食材結合相互提升，美味加成。店家縝密思考到這種程度著實令我十分佩服。其他可被稱為「相合之物」的對味料理還有很多，例如筍子跟海帶芽的組合「若竹煮」；鯡魚乾跟茄子組合成「鯡魚茄子」；烏賊跟小芋頭組合成「烏賊芋頭」都是經典組合，但如果說到「相合之物」的變化版就是「鯡魚蕎麥麵」了。

「松葉」，這家開在以師走吉例顏見世興行著稱的「南座」旁的餐廳，據說是鯡魚蕎麥麵的發源地。

鯡魚就不用說了，連蕎麥都絕對不是京都的特產，然而兩者的結合，成為京都的特色料理。把鯡魚蕎麥麵稱為「相合之物」應該很合理。熬煮得辣中帶甜的鯡魚，搭配京都特有的清爽湯頭，難以言喻的美味於焉而生。因為京都的蕎麥麵跟烏龍麵一樣都偏軟，麵條可以跟湯汁充分混合，吃完後有種舒心暖胃的感覺。

松葉本店
京都市東山区四条大橋東入ル川端町 192
075-561-1451
10 點 30 分～ 21 點（最後點餐 20 點 40 分）
周三、周四公休（若遇國定假日則照常營業）
※ 公休日隨季節調整

「平野家本家」的極致美味「芋棒」

輕鬆品嘗傳統名店洋食

其實京都也以傳統西餐之都聞名，只是被京料理跟番菜的光芒掩蓋，很容易被人忽略。

西餐雖然給人一種與橫濱、神戶、長崎等港口都市重疊的印象，不過熱愛新事物的京都人追隨著文明開化的腳步，很早就已經接受了西餐。

堪稱日本西餐祖師爺的草野丈吉（一八四〇～一八八六年），以在長崎開設西餐廳「良林亭」而聞名，草野於明治十年（一八七七年），在八坂神社的大鳥居前開設一家西餐廳「自由亭」，據說是京都西餐文化的開端。

此後，京都西餐的發展主要分成兩大路線，其一是在學生城和西陣一帶，讓職人工匠跟學生輕鬆快速填飽肚子的大眾平價西餐，其二則是以花街為中心，發展成享受傳統精緻西餐的場所。

如果說開在四条通麩屋町通附近的「萬養軒」是後者的代表，我想應該沒有人有異議。

稱呼明治三十七年（一九〇四年）創業的萬養軒為老店應該不為過。它與皇室的淵源頗深，幾乎每一位造訪京都的貴賓都一定會光臨「萬養軒」。

幾經波折，「祇園萬養軒」如今佇立在祇園花見小路上，還在高島屋百貨京都店另外開了一間價位略為親民的分店（MONYOKEN Style），然而過去萬養軒可是以獨一無二及高格調為傲的頂級餐廳。我還記得祖父母帶我去當時還在四条的「萬養軒」吃飯時的那種緊張感，真不是開玩笑的。

此時，我前往四条通上的「萬養軒」，點了我最愛的冷湯、菲力牛排，又吃了一盤生菜沙拉後，才總算覺得恢復了一點活力。

這是池波正太郎[1]寫的散文集《食桌情景》（二魚文化出版）當中的一段，描述他到京都旅行時傍晚肚子餓了，在「萬養軒」吃西餐的小故事。這裡可是知名美食家的文人雅士們光顧的店呢！小孩子會覺得緊張很正常。

四条大宮附近就有那麼一家店，可以讓你以極為實惠的價格輕鬆品嘗到追隨「萬養軒」風格的餐點，這家餐廳叫作「洋食彩酒アンプリュス」（Une-Plus）。

這家餐廳於二〇一七年開業，是一家還很年輕的店，不過店主長年在「萬養軒」精進磨練，他的手藝在京都喜愛西餐的老饕之間很有名氣。

餐廳位於祇園祭發源地神社（元祇園梛神社）旁狹窄通道（坊城通）的轉角處，店門正對四条通，環境明亮顧客可以放心走進去。這裡的午間商業套餐很受歡迎，午餐時間永遠高朋滿座。

午餐雖然也很棒，但我誠心建議各位務必挑晚餐時間來。在這裡，可以用順應時代潮流的嶄新方式，品嘗到過去給人正式拘謹印象的京都傳統精緻西餐。

推開明亮的玻璃門走進店裡，第一眼看到的是緊鄰廚房的吧檯座位，再往裡面走才是方桌座位區，算是京都味十足的「鰻魚睡窩」狹長格局。

單點（à la carte）菜單的選擇豐富，也有套餐可選，初次造訪的客人可以從中挑選自己喜歡的餐點。

祇園萬養軒 本店	京都市東山区祇園町南側 570-120 2F 花見小路四条下ル（祇園歌舞練場前） 075-525-5101 午餐：11 點 30 分～ 15 點（最後入店 13 點 30 分） 晚餐：17 點～ 22 點（最後入店 20 點） 周二、周三公休

我推薦「主廚套餐」。

從開胃小點、沙拉開始，依序前菜、湯品、主菜、甜點等十分正統的套餐組成順序，前菜還可以選擇兩顆焗烤蝸牛，搭配麵包或白飯，飲料則是咖啡或紅茶二選一，這種感覺真令人懷念。

主菜中似乎以「經典餐盤」（Une-Plus Plate）最受歡迎。

把漢堡排、炸蝦、奶油可樂餅這些最經典的西餐菜色拼成一盤，搭配新鮮時蔬等擺盤超級澎湃，有一點像大人版兒童餐的感覺。這家店最大的魅力就在客人不需要正襟危坐，輕輕鬆鬆就能享受到從多蜜醬汁開始就嚴謹道地的傳統西餐。

雖然店家也很貼心地在餐具架上擺上筷子，但是吃法國菜本來就會讓人特別想使用刀叉嘛！心裡才正想著這餐具厚實的手感讓人好懷念，內斂的銀色光澤實在太美了！定睛一看，才發現餐具上刻有已經褪了色的Christofle[2]字樣。真不愧是追

1 〔一九二三〜一九九〇年〕日本戰後時代小說跟歷史小說代表作家、劇作家，同時也以美食家及電影評論家著稱。

2 頂級奢華法國銀器專門品牌，成立於一八三〇年。

MANYOKEN style
京都 髙島屋店

京都市下京区四条通河原町西入真町 52 京都髙島屋 7F
075-252-7669
11 點～21 點 30 分（最後點餐 20 點 10 分）
※ 營業時間比照髙島屋百貨京都店

隨「萬養軒」風格的餐廳啊！再仔細一瞧，竟然能隱約看到代表「萬養軒」（Monyoken）餐廳標誌的字母M。種種回憶瞬間湧上心頭，時鐘的指針開始回轉，彷彿時光倒流。

僅簡單以上述這一小段文字，向讀者傳達這間店有多麼令人感到賓至如歸。而「洋食彩酒アンプリュス」（Une-Plus）所提供的餐點自然不會高調張揚它輝煌的來歷，只低調提供嚴謹精緻的餐點。這家珍貴餐廳的存在證明了所謂的傳統跟道地，是隱身在低調中的光芒。

「洋食彩酒 Une-Plus」中最受歡迎的「經典餐盤（Une-Plus Plate）」

洋食彩酒 アンプリュス （Une-Plus）	京都市中京区壬生賀陽御所町 64-18 マキシム III 1F 075-468-1987 午餐：11 點 30 分～ 13 點 30 分 晚餐：18 點～ 22 點 30 分（最後點餐 21 時） 周三公休（或不定期公休）

京都吃雞

在京都，我們一般把雞肉稱之為「柏」（kashiwa）。小時候我家賀年卡的圖案一定都是雞，我的姓氏「柏井」（kashiwai）跟代表雞肉的「柏」放在一起老是讓我覺得很好笑。想想都已經是六十多年前的事了呢。

當時賣雞肉的舖子被稱為「柏屋」（Kashiwaya），據說是因為雞胸肉的形狀跟日文「柏の木（槲樹葉）」相似故得此名。其實現在看來倒也不覺得像，但我在想或許是沿襲自御所言葉[1]把馬肉稱「櫻花」；豬肉稱「牡丹」；鹿肉稱「紅葉」的

1 中世紀以後在御所（宮廷）侍奉的女官之間所使用的特殊用語。

說法。還有一說認為，以植物的名稱代替肉類作為隱語，其實帶有減輕吃肉罪惡感的意圖。

話說過去在京都，雞肉可是與牛肉並列的美食。

只要媽媽宣布「今晚吃壽喜燒唷」，我就開始滿心期待不知道等一下端出來的會是牛肉還是雞肉。

幾乎家家戶戶附近都有熟識的雞肉舖，人們上雞肉舖買新鮮雞肉回家，最常見的料理方式就是在家用烤的或是煮來吃。

如果是住在洛北一帶的京都人，殺自家院子養的雞來招待客人的情形也很常見。

或許就是因為那麼普遍，所以我幾乎沒有什麼在外面吃雞肉的記憶。據說京都雞肉燒烤店之所以那麼少，也是因為在家吃雞的風氣太過普遍的關係。

除了連鎖店以外，過去京都市內有很長一段時間都很少見到雞肉燒烤專門店。雖然，跟牛肉燒肉店相比，雞肉燒烤店的數量還是少太多了，但在這幾年有急速增加的趨勢。

來自東京與其他地區的熱門雞肉燒烤品牌紛紛到京都展店，有些還設定了會員制，只提供高價的套餐，這跟本來雞肉燒烤店應有的樸實風格實在差太多了，這種店我是不會上門光顧的。京都人長久以來對雞肉的印象，就是一種可用遠比牛肉更實惠的價格就吃得到的東西。

接下來為各位介紹的兩家店，不是那種整間店被炭火熏得烏煙瘴氣的那種，而是可以安安靜靜享受雞肉美味的餐廳。

一家是位於洛北下鴨的「山家」，這家雞肉料理專門店我從學生時代就吃到現在。

面向北大路通的店面是以黑色為基調的雅緻設計，營造出隱密的空間氛圍。過去這家店的西側曾經有一家雞肉舖，換句話說這家店一開始的經營方式有點像雞肉舖旁附設的雞肉餐廳。

想當然耳，料理最重要的食材——雞肉，鮮度跟品質絕對是掛保證的，客人可以放心品嘗到最鮮美的雞肉料理。

正如它的名字「山家」，這家餐廳十分擅長製作山村料理，菜單上也同時提供豐富的海味選擇。

不敢嘗試生雞片的朋友可以改點從若狹（福井縣西南部）或瀨戶內海運來的生魚片，這家店可以滿足饕客五花八門的喜好。

超愛吃牡蠣的我，一到冬天經常會為了想吃這裡的炸牡蠣而上門光顧。

當然本篇的主角是雞肉，你可以在山家或煮或烤享受到雞各個部位的美味。

我在這家店必點「生薑燒雞肝」。

把沒有絲毫羶腥味的新鮮雞肝調成甜甜辣辣的口味，再點綴一點薑絲就完成了，料理看似簡單，卻跟清酒十分合拍，每次吃我的嘴角都不自覺地跟著上揚。

炸肉丸、炸雞等油炸料理在這家店幾乎都點得到，此外它的特色就是調味清淡，連小小孩也可以吃，是家老少咸宜適合每個人的餐廳。

另一間我想推薦的炭火燒烤雞肉專門店，是位於河原町今出川交叉口往南，正對河原町通的店面，門口懸掛寫著店名「鶏たか」（Toritaka）的燈籠。

在這間圍繞著廚房的L型吧檯，僅八個座位的小店裡，竟聞不到一絲炭火煙味，可以盡情享用以備長炭烤的各種雞肉串燒。

山家
京都市左京区下鴨西本町 7-3
075-722-0776
18 點～ 24 點（最後點餐 23 點）
周四公休

日本酒、燒酎、紅白酒應有盡有，在整潔俐落的環境下享受悠閒緩慢的用餐時光。

用好幾種不同部位的雞肉燻製而成，每一樣都一點一點的煙燻拼盤作為前菜，可以一邊愉快地享受好酒，一邊查看菜單再決定想烤雞的哪個部位。最讓人開心的是這家店可以以一次一支串燒為單位點餐。不管是鹽烤或醬烤，都很適合蘸花椒或柚子七味粉一起吃，這才發現裝竹籤的筒子不知不覺中已經滿了。最後用一碗「雞肉蕎麥麵」做結尾，真是心滿意足過癮極了！

「鶏たか（Toritaka）」的「煙燻拼盤」

炭焼 鶏たか
（炭焼 Toritaka）

京都市上京区大宮町 323-2 アーバン北村 1 F
075-212-9700
17 點～ 23 點（最後點餐 22 點 30 分）
周日公休（或不定期公休）

背後大有來頭的京都肉料理

每次我只要寫到京都的食物，一定會提到牛肉[1]。除了我本身很愛吃牛肉之外，既然談到現在京都的飲食文化，牛肉絕對是不可或缺的存在。

先前我在拙作《京都，再去幾次都可以！》關於燒肉店的那一節中曾介紹過，京都之所以吃得到美味牛肉，一來是因為京都的地理位置得天獨厚[2]，二來則是因為京都人喜愛時髦新事物的個性。

如果還有第三個原因，我想大概是因為京都有許多出色的料理人。

京都長久以來作為日本的首都而繁榮興盛，來自全國各地的美味食材匯聚於此，同時間也聚集了不少廚藝精湛的料理人。

包括不少在老字號料理店磨練廚藝，一心想衣錦還鄉的年輕學徒在內，促使京都成為美食的一級戰區，群雄割據各占一方。

牛肉品質再好，要是少了能把牛肉料理得夠好吃的料理人，美味自然也無從誕生。在京都，從創意肉料理到傳統肉料理，各家牛肉料理專門店之間的競爭十分激烈。

有一家在其他地方絕對看不到的牛肉料理店，名叫「御二九と八さいはちべー」（Onikutoyasai Hachibe）。

這家店距離京都最熱鬧繁華的四条河原町很近，開在連車子都無法通行的窄巷「柳小路」，無論店內的陳設、端出來的料理，完完全全是標準的京割烹，提供以牛內臟為主的各色料理。

雖然點「牛舌漢堡排」或「燉牛頸肉」等午間套餐的菜色，也能一窺廚師的精

1　京都人如果說「肉」，通常指的是牛肉，這裡的「肉料理」意指牛肉料理。

2　日本三大和牛產區，但馬牛（兵庫縣北部）、近江牛（滋賀縣）、松阪牛（三重縣松阪市），三個產地連起來會形成一個三角形，京都位於三角形正中央的位置。

湛廚藝，不過真正把廚師本領發揮到極限的，是這家餐廳晚餐的主廚套餐，請各位一定要來嘗鮮！絕對會澈底顛覆你對內臟料理的既有概念。

最先端出來的開胃小菜，一眼看上去雖然跟一般割烹店的精緻涼拌小菜沒兩樣，但這裡的開胃小菜是用牛蜂巢肚、牛阿基里斯腱跟牛心管等新鮮牛內臟來製作。

即使拍下這一排擺在洗鍊原木吧檯上小菜的照片，絕對沒人想得到這些都是利用牛內臟做出來的。

這份精緻，顯現在京都特有的牛肉料理上。

牛肝醬沙拉、用甲魚鍋的方式料理的牛尾鍋、炸牛氣管軟骨等一連串菜色都是其他地方吃不到的，店主接著直接在客人面前烤牛頰肉、小牛胸腺，還有招牌的牛舌水菜鍋等，共端出十二道牛肉料理的夜間主廚套餐，居然只要日幣七千七百圓就吃得到，真的是超划算的！（註：官網菜單主廚套餐目前已調整為日幣八千兩百圓）。

雖然晚餐一般來說不會想要點套餐，比較想搭配喝酒的節奏點下酒的單點料

御二九と八さい はちべー （Onikutoyasai Hachibe）	京都市中京区新京極四条上ル中之町 577-17 075-212-2261 午餐：11 點 30 分～ 14 點 30 分（最後點餐 14 點）※ 售完為止 晚餐：17 點～ 23 點（最後點餐 21 點） 周二公休

理，但我認為在這家店晚餐點主廚套餐是最好的，畢竟我們一般消費者不太懂內臟的部位，也無從想像它的味道，實在很難決定要怎麼點，交給主廚就對了。

這家店店主的老家，當年在京都開設了第一家以破除割烹與居酒屋藩籬的新型態餐廳而聞名。原來店主的廚藝自有其家學淵源，無怪乎能把餐廳經營得如此精緻洗練。這也可說是京都的強項。

如同店名「御二九と八さい」[3]巧妙運用「肉和蔬菜」的諧音，客人除了吃得到好吃的肉，還吃得到美味的蔬菜，兼顧了營養均衡真是太棒了。

剛剛說了這家餐廳大有來頭，然而京都美味的餐廳之所以存在，幾乎都是因為店家背後有股默默支持他們的力量存在。尤其是牛肉料理店，成敗的關鍵多取決於肉品供應商的好壞。

---

3 「御二九と八さい」跟「お肉と野菜」的日語發音都是Onikutoyasai。

「我想在京都吃到好吃的肉，但最好避開那種跟懷石料理店差不多貴的餐廳。」針對有這樣需求的朋友，我想推薦「肉専科はふう」（Hafuu）。

無論是京都御所附近的本店或聖護院分店，都可以以合理的價格享用到道地京都風格的牛肉料理。這家店經營者本身就是專業肉品商，「肉専科はふう」（Hafuu）是成立於大正十四年（一九二五年）的肉品批發商所經營的餐廳。

既然是肉品專家經營的店，食材的品質絕對是一等一。此外，老闆也常跟有在叫貨的餐廳主廚們切磋交流，深知什麼樣的牛肉料理才稱得上美味，所以才能辦到讓顧客用划算的價格，就能吃到優質的牛肉料理。

從東大路通東轉春日北通後馬上就可以看到Hafuu聖護院分店。店面距離「聖護院」跟「平安神宮」非常近，可以用實惠的午餐價格輕鬆吃到「漢堡排」跟「Hafuu特選炸牛排」等美味的牛肉料理，不過想看主廚發揮看家本領的話，還是得晚餐時間來。

晚餐也有牛排或燉牛肉等其他單點菜色，但我想要推薦的是「肉專科套餐」。居然能用這種划算到肯定讓你嚇一跳的價格，就能大啖炙燒牛肉、烤牛舌、沙

肉専科はふう 本店
（肉專科Hafuu 本店）

京都市中京区麩屋町通夷川上ル笹屋町 471-1
075-257-1581
午餐：11 點 30 分～最後點餐 13 點 30 分
晚餐：17 點 30 分～最後點餐 21 點 30 分
周三公休

朗牛排跟上等牛肉。這就是京都最頂級的牛肉！

「御二九と八さい はちベー（Onikutoyasai Hachibe）」的招牌牛舌水菜鍋。」。

肉専科はふう 聖護院
（肉専科Hafuu 聖護院分店）

京都市左京区聖護院山王町 8
075-708-8270
午餐：11 點 30 分～最後點餐 13 點 30 分
晚餐：17 點 30 分～最後點餐 21 點 30 分
周二公休

午餐的烏龍麵、晚餐的烏龍麵

在京都如果想簡單吃個中餐，我最推薦吃烏龍麵。

京都烏龍麵跟讚岐、福岡、大阪的都不同，它最大的特色在於這碗烏龍麵的主角，是被稱為「おだし」（odashi）的湯頭，而不是麵條。

吃烏龍麵的重頭戲就是在吃那個「湯頭」，麵條要是太有嚼勁反而礙事。京都烏龍麵因為十分柔軟，所以才被人家說麵條癱軟或軟爛無嚼勁。

據說京都午餐的烏龍麵是一種簡單，短時間內快速吃完的東西，得避免使用太有嚼勁較需花時間煮的麵條。

所以說即使再好吃，要是午餐吃一碗麵得花上大把時間排隊，或沒有提前去拿號碼牌就吃不到的話，這種店通常會澆熄京都人的消費意願。

洛中確實有可以輕鬆吃到好吃烏龍麵，而且不必浪費時間排隊的店。第一間是

位於西木屋町蛸薬師高瀨川畔的「麵房 美よし」（Menbou Miyoshi）。

雖擁有自昭和元年（一九二六年）創業的輝煌歷史，卻是一家待起來很愜意的店，不管是坐在擺放整排清酒瓶的吧檯席，或是可俯視高瀨川風光的方桌席，都可以輕鬆品嘗到美味的烏龍麵。

這家店選用稍微粗一點的麵條，烹煮到不至於沒有嚼勁剛剛好的軟Q，這種烏龍麵最適合用來品嘗「湯頭」。

我還推薦濃稠芡汁系列的烏龍麵，最受歡迎的是「咖哩烏龍麵」。還有價位雖然稍高，但在其他店很少見的「咖哩鍋燒烏龍麵」也很棒。炸蝦、雞肉、炸豆皮，還有溫泉蛋等超多好料把碗整個鋪滿，你一定要試試看！

另外一間也同樣在洛中的鬧區。從寺町通跟四条通交叉口往南走，馬上就到「永正亭」，儘管開在熱鬧的精華地段卻照樣提供平價美食，是京都居民熱愛的好店。午餐時間這裡總是擠滿了用餐的上班族，不過老闆動作快翻桌率高，其實並不會等太久。

在這家我每次吃完結帳時心裡都想問「這種地段賣這種價錢真的會賺嗎？」的

永正亭
京都市下京区貞安前之町 611
075-351-1970
11 點～ 20 點
周三公休、1/1 ～ 3 公休

麵房 美よし（Menbou Miyoshi）
京都市中京区西木屋町蛸薬師上ル角南車屋町 288-2
075-211-7754
午餐：12 點～ 14 點 30 分（最後點餐 14 時 00 分）
晚餐：17 點～ 24 點（最後點餐 23 點 30 分）
周日、國定假日：12 點～ 23 點（最後點餐 22 點 30 分）
周二公休（若遇國定假日則照常營業）

好店，我最推薦的是「特田舍蕎麥麵」的烏龍麵版本。喜歡蕎麥麵的朋友可以直接點原版，但如果想吃烏龍麵，店家可以幫你換成烏龍麵。蘿蔔泥、蔥花、炸渣、海苔絲，配料多到幾乎看不到底下的烏龍麵。最讚的吃法就是把所有配料攪拌在一起吃。如果沒漲價的話一碗只要日幣五百八十圓（註：售價已調整至六百三十圓）。京都最物超所值的烏龍麵就是它了！

洛中還有一間，我建議各位在參觀完「二条城」後，一定要去「三条 更科」。雖然店開在三条通上，但因為不太顯眼，一個不小心可能就錯過了。桌子就這麼兩張，雖然店內空間不大只容納得下幾個人，但古樸的裝潢讓人可以好好放鬆下來悠閒地吃個午餐。

招牌上雖然也有寫，但價格實在太漂亮了值得我特別把它寫出來，如果你點的是沒有任何配料的「烏龍麵」只要日幣兩百八十圓（註：二〇二三年一月已調整為三百三十圓）。麵類當中最貴的「上鍋燒烏龍麵」也不過日幣六百八十圓（註：已調整為七百三十圓）。若考量這裡是精華地段，賣這種價格實在是破天荒。

雖說價格便宜，味道可完全不馬虎。充滿京都風味的湯汁跟Q軟滑嫩的烏龍麵

三条 更科
京都市中京区三条通油小路東入塩屋町 39
075-221-2776
10 點～ 18 點 30 分
周日公休

融為一體，用超優惠的價格吃到這麼棒的烏龍麵實在是太開心了。

我介紹的這幾家烏龍麵店，都只是京都好店中的一小部分，想在京都吃到好吃的烏龍麵，其實不需要花時間苦苦等待，我敢打賭如果你走進市區中隨處可見的老烏龍麵店，口味絕對不會讓你失望。

吃午餐的話，軟Q一點的烏龍麵的確比較合適，但如果是下酒的晚餐烏龍麵，有點嚼勁或許更好，尤其是晚餐收尾的那一碗烏龍麵更是如此。

有一家店，白天是大排長龍的烏龍麵專賣店，一到了晚上便搖身一變成為菜單上超多下酒菜，稱它「烏龍麵居酒屋」也不為過的餐廳，店就在洛北下鴨附近。

與京都傳統的軟爛烏龍麵不同，「うどんや ぼの」（烏龍麵專賣店 Bono）所提供的麵條，是勁道十足的那一種，而且選擇非常豐富，從標準的烏龍麵到「薩摩黑豬九条蔥沾麵」、「明太子和風奶油蛋黃培根麵」等創意烏龍麵都很受顧客歡迎。

我大多選在晚上去用餐。一到晚上，客人暱稱這家店為「夜ぼの」（夜Bono），可以點生魚片、油炸物、番菜、燉煮料理來配酒，中間可以點一小份烏龍冷麵墊肚子，最後收尾再來上一碗熱呼呼的烏龍麵，真的很享受。

うどんや ぼの （烏龍麵專賣店 Bono）	京都市左京区下鴨松ノ木町 59 075-202-5165 平日午餐：11 點～最後點餐 14 點（六日、國定假日）11 點～最後點餐 14 點 晚餐：17 時 30 分～最後入店 20 點（目前夜間暫停營業） ※ 麵條用完即提早打烊 周一、四公休

最適合拿來中間墊肚子的是簡單的「烏龍冷沾麵」，可以充分享受到烏龍麵的嚼勁。它的嚼勁適中，沒有讚岐烏龍麵的那麼強，這種剛剛好的Q彈只有京都吃得到。

還有一道利用昆布熬製的京都風高湯調味的高湯蛋捲，不點可惜！還有一個令人開心的點是，店家很貼心地為單獨用餐的客人提供半份的選項。最後用暖呼呼的「京都豆皮烏龍麵」作結尾。這碗晚餐的烏龍麵實在是太滿足了！

「うどんや ぼの（烏龍麵專賣店 Bono）」

京都洋食

幾年前開始我一直提倡的「京都中華」，這個用法似乎已經落地生根。所謂的京都中華，是指以京都特有方式發展的中華料理店，如果這個邏輯成立，那我把以京都特有方式發展的西餐稱之為「京都洋食」（西餐）也很合理。

我手邊有一本文化出版局於昭和六十一年（一九八六年）發行的《京都味の店》（京都風味店），書中介紹超過四百家餐廳，當中被歸類為洋食屋（西餐廳）的只有十四家。這十四家之中如今還碩果僅存的有三家，分別是「ビフテキ スケロク」（Bifuteki Sukeroku）、「河久」以及「プラムクリーク」（Plum Creek）。

不過，還是有幾家現存的店追隨著業已消失的十一家洋食屋的風格，「京都洋食」的脈絡因此得以延續。

「たから船」（寶船）的風格由「グリル小宝」（Grill 小寶）延續；而「つぼさ

か」（壺坂）的好味道，則以「洋食の店 みしな」（洋食店 Mishina）的形式被傳承下來。

再加上其他新型態的洋食屋相繼在京都遍地開花，新舊交替的「京都洋食」豐富了京都的飲食。

京都西餐流行的菜色都是一陣一陣的，不久之前才流行蛋包飯。我印象中前陣子還流行過炸牛排，再更之前應該是厚蛋三明治[1]。

還有一段時間流行吃烤牛肉，不過這好像不只京都，而是那陣子日本全國都在瘋吃烤牛肉。

如果觀察雜誌的京都特集，似乎可以預測到下一波流行的可能是漢堡排，在這一波波西餐流行風潮裡，總是有某些關鍵形容詞的存在。

例如，形容蛋包飯時就是「鬆軟滑嫩」；厚蛋三明治的話就是「蛋厚到從麵包裡爆出來」；烤牛肉的話就是「肉片疊成高塔」。讀者受感動的程度似乎會隨著描述的力道而改變，形容詞用得愈煽情，就彷彿這篇食記愈到位似的。

我想漢堡排的關鍵字大概脫離不了「爆漿噴汁」吧。

聽說想特別為刀子切進漢堡排那一刻拍影片的客人不在少數，這件事說實在讓我有點膩。

根據一位熟識的餐廳主廚說法，漢堡排有沒有滿滿肉汁流出來，基本上是個人喜好問題，「肉汁流出來＝好吃」這種關係式根本不成立。而且據說只要稍加練習，每個人都能輕鬆做出爆漿漢堡排。

我真心希望各位不要陷入爆漿迷思，在京都能吃到真正好吃的漢堡排。

京都既然是出產好吃牛肉的城市，漢堡排的美味度當然也不會輸。

儘管這些店很可惜都已經結束營業了，但過去我曾經在京都的「グリルミヤタ」（Grill Miyata）、「富永」跟「金平」等洋食屋，享用很多次美味的漢堡排。

當時就算再怎麼熱門，人也沒有多到必須排隊，更不需要提早好幾天預約，每

1 タマゴサンド可以指兩種用雞蛋做成的三明治，關東的話是搗碎白煮蛋再添加鹽、胡椒、美乃滋做成「蛋沙拉三明治」，但在關西通常指厚厚的煎蛋，京都人的作者談論京都西餐流行變化，故在此譯為「厚蛋三明治」。

當我想吃漢堡排時，直接去那家店一定都能吃到。

現在餐廳只要稍微紅起來，所有人一窩蜂擠到那家店去，像我這種討厭排隊的人根本就吃不到。

最經典的例子就是賀茂川上北大路橋畔的「グリル はせがわ」（Grill Hasegawa）。

多年來我一直都住在距離這家店走路不到五分鐘的地方，以前直接出門吃午餐，不用預約就能吃到好吃的漢堡排，然而過去這幾年這裡變成排隊名店，如果沒有特別把時間挪出來都不知道得排多久。

距今二十多年前在一本名為《京料理の迷宮》（京料理的迷宮，光文社出版）書中，曾經大大讚賞過這家店的漢堡排，當時人潮沒有像現在那麼多，想吃隨時都可以吃。

這家店從那時候開始，口味沒變，店的模樣也沒變，唯一改變的只有客人數量直線上升。真不知道是該開心還是煩惱。

每當我好想吃「グリル はせがわ」（Grill Hasegawa）的經典漢堡排，但又不想

グリル はせがわ
（Grill Hasegawa）

京都市北区小山下内河原町 68
075-491-8835
午餐：11 點～ 15 點
晚餐：7 時～ 20 時 30 分（最後點餐 20 點）
每日午餐 & 特製午餐僅周二～五提供

等的時候，我會改去外帶區買便當帶走。口味相同的漢堡排，坐在賀茂川河畔的長椅上吃，別有一番滋味。不過旅遊旺季時用餐人潮較多，別忘了先打個電話預約訂餐。還有一個不必等就能吃到「グリル はせがわ」（Grill Hasegawa）的小技巧，就是改去它北山深山裡的分店「山の家はせがわ」（Hasegawa，山之家），但由於店開在鷹峰一帶最偏僻的山裡，要做好只能開車前往的心理準備。

山の家はせがわ
（山之家 Hasegawa）

京都市北区鷹峯船水 3
075-494-5150
平日：11 點～ 16 點 00 分（最後點餐 15 點 15 分）
六日、國定假日、黃金周、盂蘭盆會期間：10 點 30 分～ 16 點（最後點餐 15 點 15 分）
周二公休（若遇周二為國定假日則照常營業，並於次日周三補休）

大眾食堂隨性吃

既然有「京都中華」，也有「京都洋食」，說順便……好像有些不妥，但我覺得把京都的食堂稱為「京都食堂」似乎也沒什麼不可以。

我在〈輕鬆品嘗傳統名店洋食〉這篇中曾經談到，京都之所以有這麼多大眾平價餐廳，主要是因為京都聚集了許多職人工匠跟學生的關係。

當中具有代表性的大眾平價餐廳就是食堂。這種店好處多多，不但便宜又好吃，而且除非特殊狀況，不然大多不用等，很快就可以吃到東西。

我底下這樣講似乎有老王賣瓜之嫌，但自從我寫了小說《鴨川食堂》之後，感覺店名裡帶「食堂」二字的餐廳在京都突然增加了不少。

就連過去不太看重食堂的美食家，這幾年似乎重新認可了食堂的價值，我對於這樣的發展也樂見其成。

我很開心看到食堂的發展愈走愈廣。喝得到紅酒的食堂等這類過去無法想像的經營型態陸續出現，食堂的價值也稍微向上提升了。

但反過來說，我認為即使沒有冠上食堂的名號，只要能讓客人輕鬆造訪，以合理價格就能吃到好吃東西的店，就有資格叫作食堂。

不刻意取名Bistro，但走小酒館風格的店，大家也會稱呼這種店叫Bistro；沒有高調宣稱自己是法式，但還是被叫法國餐廳的店，說實在多得是。

相反地，大刺刺取名為食堂，但提前好幾個月訂位卻還是客滿訂不到的店，就不配稱之為食堂。

例如這家叫「鐵板洋食 鐵」的洋食屋，雖然不自稱為食堂，但走的完全是食堂風格。

這家店在「島津綜合體育場．京都」（京都府立體育館）附近，店主承接了上一家大阪燒店的餐廳設備經營洋食屋。

過去大阪燒店附帶鐵板的餐桌就這麼留在店裡，看上去雖然有些奇怪，但我得說這位體格壯碩的主廚利用這鐵板做出來的餐點還真的超讚！

菜單選擇超多，不管是炸的、烤的什麼都有，而且每樣都便宜又好吃，裡頭我最推的是漢堡排。

雖然有點可惜沒有直接用餐桌上的鐵板來煎，但手工揉捏的漢堡排是在廚房鐵板煎好，熱騰騰地送到餐桌上。如果店內客人沒這麼多，還可以根據自己的喜好請廚房增減分量。

冬天的炸牡蠣也很好吃，但請主廚煎一小塊牛排，最後配上蒜香飯的吃法是這家店才能享受到的奢侈。

我忍不住想，這種等級的鐵板燒如果在高級飯店吃不知得花多少錢，但我保證這裡的美味度絕對不輸給飯店。

但為什麼我會把這家餐廳歸類為食堂呢？這是因為這家店自發性開辦了「兒童食堂」[1]。

雖然不是天天有，但只要老闆有空，就會擔任志工提供餐飲給當地的孩子們。如果對孩子們來說這裡是食堂，那麼對大人來說當然也是。

京都市區固然也有不少以食堂為名的餐廳，而且還經常發生店名重複的狀況。

例如「相生餅食堂」、「千成食堂」、「大力餅食堂」、「みやこ食堂」（Miyako），有些是同一家店開枝散葉分出來的，有些是系列店，還有些根本毫無關係。

我想只要住在京都，幾乎每個人多多少少都會去這類食堂消費，不可能連一次都沒有。京都人再熟悉不過的食堂在京都遍地開花。

這類食堂的菜單通常由三大部分組成。

麵類、丼飯類、定食類。大部分食堂通常都有這三大類料理，可以用單點或組合方式點餐。

不少人以為京都的飲食只有京料理跟番菜，但對我這個京都出生，活到近七十歲的人來說，這些食堂的好味道才是最有京都風格的。

說到最具京都風格的菜色，怎麼想都是芡汁系列。像是把炸豆皮當成配料再淋

1 民間團體或地方政府自發性免費或低價提供孩子們營養餐飲，透過共餐形成社區居民之間自然交流的空間。供餐對象不侷限兒童，加班晚歸的上班族、低收入家庭或獨居老人都可以至食堂用餐。

上芡汁的「狸貓烏龍麵」或把蛋花打進濃湯裡的「雞卵烏龍麵」等，每家食堂幾乎都會有，請一定要試試看。我想大家都已經很清楚，在京都吃烏龍麵重點不在麵，「湯頭」才是重頭戲。

而這些芡汁還可以淋在飯上做成丼飯。例如「雞卵丼」就有點像京都版的天津飯，可說是最京都味的美食。

「鐵板洋食 鐵」的漢堡排

鉄板洋食 鐵

京都市北区大将軍西町 113-2
075-465-5010
午餐：11 點 30 分～最後點餐 15 點
晚餐：7 點 30 分～最後點餐 23 點
不定期公休

一口大小的乾菓子最適合當伴手禮

最受歡迎的京都旅行伴手禮，據說是京菓子。最近也有人把和菓子莫名其妙說成和風甜點[1]，然而和菓子與甜點無論就起源或意涵都完全不同，我並不想將兩者混淆。

說起和菓子，一般而言主要分成生菓子與乾菓子兩大類。前者如同「生」字面上的意思，它的賞味期限較短，造型精雕細琢，如果要當伴手禮帶回家，得小心翼翼才行。

---

1 甜點的日文スイーツ（Sweets）為外來語，中文雖同樣為甜點，但與和菓子的意義不同。

另一方面，乾菓子一般來說賞味期長，形狀也不容易變形，很適合當伴手禮。雖然總稱為乾菓子，不過種類也是五花八門，我推薦的是一口大小的乾菓子。

例如用和三盆糖製作的乾菓子、落雁[2]、有平糖[3]或金平糖[4]等，它們體積小不占空間，造型可愛令人愛不釋手，再加上又好吃，買來做伴手禮最恰當不過。

說到和菓子免不了會想到茶。不，正確來說應該是反過來，一說起茶就一定會想起和菓子。

茶席上跟茶一起享用和菓子已經成為一種習慣。

茶席上人們把生菓子稱之為主菓子，口味較重的濃茶搭配主菓子；口味較淡的薄茶則搭配乾菓子。

真要詳細寫，恐怕寫成一本書都還不夠，所以就不在此詳談，但兩種菓子確實達到提升濃茶、薄茶風味的效果。

主菓子亦稱上生菓子，另外還有練切菓子[5]、金團菓子[6]等種類，和菓子的特徵是每一種都被賦予自己的名字（菓銘）。

基本上主菓子的造型表現出抽象的意境。設計靈感多半來自季節的景物風情，乍看之下有時很難看出製作者想表達的意境。因此在茶席上發揮想像力也是享用主菓子時的樂趣之一。

另一方面，乾菓子的造型較為具象寫實。例如櫻花季時會看到櫻花花瓣形狀的和三盆或落雁，櫻花粉色的有平糖等，大多一眼就能看出製作者想要表現什麼。

在茶席上雖然不會刻意按照和菓子含水量明確區分出生菓子跟乾菓子，但一般而言的確會根據和菓子的含水量分類生菓子或乾菓子。與其他食品一樣，含水量較

2 用米、麥、黃豆磨成粉混合砂糖製作外皮，包豆沙或栗子當內餡，再用木製餅模壓出各種形狀，口感類似硬一點的綠豆糕。

3 用穀粉、砂糖和麥芽糖加少量的水熬煮上色，趁糖膏尚未硬化前加工做出各種造形的點心。

4 用糯米粉跟糖在大鍋裡不停滾動沾附糖蜜，外型像星星的小糖果。

5 白豆沙餡加入山藥跟求肥（用白玉粉、糯米粉、砂糖跟水飴製作成糰）攪拌製成練切餡，再包入去皮紅豆沙餡，染色塑形成符合季節感的精緻造型，充分體現和菓子職人的技藝與巧思。

6 將蕃薯、栗子、白鳳豆等不特定食材加砂糖炊煮成蓉，再以茶巾扭絞成團的和菓子。

少的保存時間可以拉得較長。換句話說，如果要買方便攜帶的伴手禮，乾菓子絕對是首選。

前言一不小心就寫太長，接下來為各位推薦幾款適合做京都旅行伴手禮的乾菓子。

甜味雅緻的和三盆打菓子、琥珀糖

首先介紹的是和三盆。

和三盆是一種被歸類為「打物」[1]的乾菓子，利用和三盆糖製成的乾菓子通稱和三盆打菓子。落雁的話還會帶有一點硬脆的口感，但和三盆打菓子的特色是在舌頭上瞬間化開，餘味爽口清新。

首先我想推薦的和三盆打菓子是「鍵善良房」的銘菓「菊壽糖」。因「菊慈童」[2]故事而得名的乾菓子，形狀類似菊花瓣。我人生中頭一次吃到的和三盆打菓子就是「菊壽糖」，還記得當時我十分著迷，覺得世界上怎麼會有如此美味的點心。

同樣以葛切聞名的「鍵善良房」店內陳列了代表京都的民藝[3]也十分值得一看，各位請一定要造訪它四条通上的店鋪。

鍵善良房
四条本店
京都市東山区祇園町北側 264
075-561-1818
菓子販售：9 點 30 分 -18 點
喫茶：0 點～ 18 點（最後點餐 17 點 30 分）
周一公休（若遇國定假日則次日公休）

還有一種我想推薦的和三盆打菓子是在烏丸三条附近姉小路通上，一間古色古香的店鋪「龜末廣」，一款名為「千代寶」的乾菓子。

白色菓子做成半球形，頂部點綴上一顆小紅點，模樣十分可愛，如同它的名字「千代寶」一樣，很適合在喜慶祝賀時送禮。

還有另一種叫「琥珀糖」的乾菓子，性質上較偏半生菓子，有家以「琥珀糖」聞名的店鋪位於洛北西賀茂，糖的設計會隨著季節變化，適合買來當小伴手禮饋贈親友。

從「上賀茂神社」步行約十五分鐘，住宅區一角的店鋪「霜月」，將該銘菓命名為「琥珀」。

從「木之芽」開始，「花櫻」、「柚子蔘」、「花紫蘇」、「秋山路」、「福來辛」、「初春」，一整年都能享用因應時節變化不同造型的「琥珀糖」。用比文庫本[4]稍小，深度兩公分左右的盒子紮紮實實地裝進十個琥珀糖，完全不占空間方便帶著走。每次只要有人想帶京都的點心回家，我一定都先推薦他們「霜月」的「琥珀糖」。

霜月 | 京都市北区西賀茂橙ノ木町 5
075-491-5556
9 點～ 16 點
周日、每個月第 1 跟第 3 個周一公休

龜末廣 | 京都市中京区姉小路車屋町東入ル車屋町 251
075-221-5110
8 點～ 18 點
周日、國定假日公休

1 將材料填入模具中用力壓實，加熱乾燥後輕拍取出而成的點心，例如落雁。

2 典故據傳源自中國周代，原本備受周穆王寵愛的侍童因犯罪被流放到南陽郡酈縣，卻在當地無意間喝下沾附在菊花上的露水，成為長生不老的仙人的神話。此傳說也常以能劇形式表現，如謠曲〈枕慈童〉，象徵長壽、永生。

3 不是以鑑賞為目的的藝術品，而是與一般民眾生活息息相關，強調實用價值之美的手工生活道具、民眾工藝。「民藝」一詞乃思想家柳宗悅在發起民藝運動時創造的用語。

4 105×148mm的A6規格。

「霜月」

門前菓子，坐在現場好好品嘗是一定要的！

寺院神社林立的京都，「門前茶屋」隨處可見。就很像時代劇裡經常出現的那種茶舖，門口擺放著鋪紅布墊的長椅，坐在那裡店家會端出茶點來招待客人。

過去在人潮聚集的寺院或神社的參道上，幾乎都會有幾間販售名產點心的門前茶屋，只是隨著時代的變遷，這類茶屋開始逐年減少。

也或許是沒那個閒工夫在參拜完還悠閒坐在門前茶屋喝杯茶吧。我在猜這可能也是門前菓子[1]種類後來只剩下固定那幾種的原因之一吧。

好不容易留存至今的門前菓子，一定要坐在現場好好品嘗，順道緬懷一下昔日茶屋的風華。

提到將昔日門前茶屋風貌完整保留至今，拿來出借給時代劇拍攝都說得過去的最具代表性的門前茶屋，肯定是開在通往「今宮神社」的參道上那兩家販售「あぶり餅（烤麻糬）」[2]的店。

1 為了供應神社或寺院祭祀與供奉神明，或是給遠道而來的參拜民眾填飽肚子用的點心。

2 把麻糬揉成拇指大小，串上竹籤後沾黃豆粉以炭火炙烤，最後蘸白味增食用，流傳超過千年的日本傳統點心。

烤麻糬店有「本家」跟「元祖」

兩間茶屋面對面，口味各有千秋，而且生意都很好，完全看不出兩店之間有任何相互較勁搶客的跡象。

但如果仔細觀察兩家店的暖簾跟招牌，各自主張「本家」、「元祖」、「正本家」、「根本」（正宗）、「血續」（代代相傳）等字樣通通都出來了，哎呀原來火花四射的地方在這裡啊！這種表裡不一的性格還真的很京都呢！

在京都有像這種同業之間就近激烈競爭的案例，也有不少掛同一塊招牌互爭高下的狀況。

有家蕎麥麵店就是這樣。

有一次我在某家店吃蕎麥麵，突然想起以前在同樣店名的另一家店吃過，好奇問起與那家店的淵源時，老闆頓時臉色大變，氣到怒喊：「一點關係也沒有！」箇

あぶり餅 本家 根元かざりや
（烤麻糬本家 根元 飾屋）

京都市北区紫野今宮町 96
075-491-9402
10 點～ 17 點
周三公休（若遇 1 日、15 日、國定假日則照常營業，並於次日補休）
※ 年底長期公休（12 月 16 日～ 31 日）

中肯定一言難盡吧。在京都一不留神就可能闖禍，請大家一定要小心。

再把話題帶回到「烤麻糬」，這家店口味偏甜或那家麻糬稍硬之類的感想，我想每個人都會有，但對我來說就是憑感覺決定喜好。口味固然很重要，但更要緊的還是這間店待起來的感覺舒不舒服。

あぶり餅 一和
（一文字屋和輔）

京都市北区紫野今宮町 69
075-492-6852
10 點～ 17 點
周三公休（若遇 1 日、15 日、國定假日則照常營業，並於次日補休）
※ 請留意年底店家可能長期公休

「加茂御手洗茶屋」的御手洗糰子

這家店名有「茶屋」的「加茂御手洗茶屋」也是典型的門前茶屋。把糰子串成一串，裹上特調甜醬油的御手洗糰子，名字源自世界文化遺產「下鴨神社」一段流傳於御手洗池的神祕傳說。

相傳後醍醐天皇至下鴨神社參拜，在御手洗池正想掬起一捧水時，剛開始一個泡泡冒出水面，不一會兒連續四個泡泡冒出水面。

後來有人把它比擬為人的五體（四肢跟頭），御手洗糰子就是仿造人的形狀做的。這也是為什麼傳統的糰子一串五顆，而有一顆會串得稍微遠離其他四顆的原因。

最終成為神社供品的御手洗糰子不只是單純的門前菓子，還帶有祈求五體健全消災解厄的意涵。

加茂みたらし茶屋（加茂御手洗茶屋）
京都市左京区下鴨松ノ木町 53
075-791-1652
9點30分～19點（最後點餐18點）
周三公休（若遇國定假日照常營業）

「下鴨神社」西側，面向下鴨本通的「加茂御手洗茶屋」，可以吃到承襲傳統口味的御手洗糰子。

就連門前茶屋一款小小的點心都保留了傳奇的起源，這種事也只在京都有。

雖然御手洗糰子的發源地在「下鴨神社」，但是真正讓它受到世人矚目卻是在「北野天滿宮」。

相傳豐臣秀吉在北野大茶會上，對這款茶屋獻上的御手洗糰子讚不絕口，更因此將糰子的販賣許可頒發給茶屋作為獎賞。也因為如此，京都五大花街之一的上七軒，至今仍以五顆糰子為紋章。京都的歷史真是有意思。

「加茂御手洗茶屋」的御手洗糰子

住在靜・旅宿

即使來京都旅行次數已經多到數不清的回頭客，在住宿上通常還是會選擇住在飯店而非旅館。都難得來一趟京都了，我十分推薦在充滿情調的日式旅館住上一晚，儘管很多人都覺得住飯店方便又舒適，但我只能說，錯過日式旅館真的非常可惜。

疫情前京都觀光客人數達到巔峰時，飯店住宿供不應求，一到了春秋旅遊旺季，哀嚎訂不到飯店的聲音也經常傳到我的耳朵。

為了回應觀光客的期待，京都市瘋狂蓋飯店的熱潮始終不減，疫情爆發後本以為這股熱潮會稍微平息，但開新飯店的熱潮是無止境的。或許是看中疫情平息後的商機吧，從頂級飯店、價格實惠的商務飯店，到充滿京都風情的町家旅館等五花八門的旅宿陸續開張。

面對這場拖得比想像中還久的疫情，來京都住宿的旅客真有辦法完全恢復過往的榮景嗎？我個人對此也是喜憂參半。

旅宿遍地開花的趨勢下，仍有一家日式旅館始終不改作風地穩健經營，我說的正是位於河原町御池附近的「俵屋」。

疫情前我平均一年住在旅館兩百多天，大家（包括我自己）都公認我是旅宿狂人，在我住過的無數日本旅館之中，至今仍沒有任何一間旅館舒適程度能與「俵屋」匹敵。這當然是我的個人意見，但我堅信它就是日本第一的名宿。

如果有人問我「俵屋」是做了什麼配得上日本第一的稱號，好究竟好在哪裡？真要我具體說明白，我還真的會不知所措。身為一個搖筆桿寫字的人說出這種話實在有點羞愧，但我只能說它的魅力難以言傳。或者我應該說，沒住過的話無法真正意會「俵屋」的好。

「宿」這個字基本上指睡覺的地方。首先，睡得舒服是好旅館的第一要件，我沒住過任何旅館可以比在「俵屋」睡得更香的。雖然某種程度得歸功於精挑細選的優質寢具，但最重要的是旅館瀰漫的靜謐氛圍讓人可以一夜好眠。

俵屋旅館

京都市中京区麩屋町通姉小路上ル中白山町 278
075-211-5566
Check In：14 點
Check Out：11 點

是的，「俵屋」是一家讓人深深感受到書名的「靜」旅館。坐落於麩屋町通跟姉小路通交叉口往北一帶，京都繁華鬧區的正中心，這一帶著實稱不上安靜。但奇妙的是，旅館內籠罩著一股靜謐的氛圍。

雖然我家就在京都，我自己也住過「俵屋」好幾次，它的魅力就是這麼大，每一次我仍不免讚歎，這種程度的安靜究竟是怎麼辦到的。

每次去「俵屋」，我都準時在下午三點入住，然後一直在旅館裡待到隔天上午十一點退房為止，中間一步也沒踏出去過，妙的是住宿期間我從來不曾跟其他住客打過照面。這是我覺得最不可思議的地方。

「俵屋」是一家舉世聞名的熱門旅館，幾乎不會有空房，大部分時間都是住滿的，想當然耳一定有許多客人同時入住。況且還有極受歡迎的圖書館等公共區域。即便在這樣的條件下，也不會見到其他住客究竟是為什麼呢？別說看到人影了，我連說話的聲音跟物品發出的聲響都聽不到。

「俵屋」不是什麼隔音設備完整的現代建築，而是傳統的日本家屋。一般來說應該聽得到各種環境音才是。我始終想不透，保持安靜的祕密究竟是什麼？

「俵屋」的另一項魅力在於所提供的早晚餐食。每一道被送進客房的料理都能滿足住客的味蕾。這些美味度絕不輸米其林三星料亭和割烹，甚至有過之而無不及的美食，如果不必住宿也能吃得到的話，真的會讓人想一直上門光顧。

此外「俵屋」內外陳設之精采，可謂集結日本文化之精髓。要找金碧輝煌的氣派飯店多得是，但以旅館主人的美學造詣打造的環境，美得令人屏息。光是待在那個空間裡用餐，就已經是無上的奢侈。

旅館蓋在這個地段，自然不會有溫泉。不過「俵屋」另一個很大的吸引力，在於它擁有泡起來比溫泉旅館更舒服的浴池。

入住後穿過房間，先來泡個澡。芳香四溢的特製日本金松浴池裡，已經放滿了最佳泡澡溫度的熱水。雖說景觀取決於你住哪間房，但如果能邊泡澡邊欣賞著用心照料的庭園，真是太享受了。

不要被那些沒提前半年就約不到的名店，或連續幾年奪下米其林三星主廚經營的餐廳所迷惑，偶爾到「俵屋」住一晚，絕對會讓你大開眼界。雖然所費不貲，但是訂價絕對公道合理，我保證你退房時一定會感到心滿意足。

舒服的浴池、美味的料理、好眠的寢具。如果旅館提供的一切都是最頂級優質的，服務也一流，實在沒有不住的理由。

結語

令和四年（二〇二二年）。京都的櫻花華麗盛開。

種種防疫限制好似在等著櫻花綻放似的，陸續放寬解除，許多人沈醉於櫻花之美，歡欣鼓舞地迎接春天的到來。

人人臉上堆滿笑意，穿梭在京都的大街小巷，京都御苑、鴨川河畔、神社佛閣等，這等熱鬧景象不知道已經多久沒看到了。我懷抱無限感慨，度過了一個在京都盡情賞櫻的春天。

令和四年的祇園祭，也在睽違三年後決定重啟山鉾巡行，儘管觀光業、飲食業及旅宿相關人士都引領期盼滿著京都終於要恢復原來的榮景了，但是否真能如願，一切卻仍屬未知。

櫻花飄落的同時，觀光客的身影也隨之散去。有種說法描述人潮如海水退潮般退去，想想還真貼切。

櫻花季時，大部分熱門餐廳都客滿，很難訂到位子，但是四月中旬以後到黃金周開始之前，現在大多數店家都能輕鬆預約成功。

我訝異的點在於，竟然在黃金周期間還訂得到位，而且連住宿也是。政府既沒有發布緊急事態宣言，截至目前為止也絲毫沒有再頒布蔓延防止等重點措施的跡象。但即便如此，以前黃金周的喧囂繁華都到哪去了？在未見政府加以限制的狀況下，難道是民眾自主性減少外出？

但似乎也不是這樣。

我在想，恐怕是大家的行為模式跟生活型態都已經產生變化。

人們會在「要去京都賞櫻」這種有明確目的的前提下，做好人擠人的心理準備造訪京都，卻不太會在明知連續假期到處都是人，還特地跑來京都玩。我猜應該是這樣。

這種趨勢如果繼續下去，我對京都持續保持安靜也寄與厚望。

本書取名為《靜．京都》原本是我本人殷切的盼望，但這樣的盼望似乎愈來愈接近現實。

正如同我一而再再而三寫的，京都仍舊會因為季節、地點的不同持續被喧囂包圍。但只要稍微錯開季節、地點跟時間，就能巧妙地從喧囂中逃脫。

在此我稍作補充，從近幾年的趨勢來看，我通常會建議大家「賞櫻趁早，紅葉稍晚」。只要把賞櫻時間抓在三月二十日的前後；賞紅葉則落在進入十二月後，這麼做可以順利避開人潮的巔峰期，仍可在一定程度上享受到「靜．京都」。

如果談到地點，我會想把焦點放在洛北的住宅區。雖然這裡有「上賀茂神社」跟「下鴨神社」等世界遺產，但只要稍微錯開便可遠離喧囂，漫步在悠然閑靜的氛圍裡。

至於餐廳，在此還是懇請各位理解，安不安靜完全取決於你造訪的時機。我介紹的這些店或許在我撰稿著書時還沒成名，然而在資訊日新月異的今日，很可能書出版後沒多久便一躍成為爆紅名店，這種例子其實屢見不鮮。

疫情期間一度門可羅雀的名店，最近排隊人潮重現，有時候甚至大排長龍。我還是強烈建議各位，避免過度把注意力集中在特定店家，請用你的一雙腳找出屬於自己的美味私房名店。我衷心期盼讀者們能實際體驗到那份發現意外美味的喜悅。

最好的辦法是在該區域隨處走走。本書推薦過的紫竹地區就是隨處走走的經典範例，京都這座城市的深度，在於藏著許多未知的潛力名店。

我在京都土生土長已七十年，儘管自認對京都瞭若指掌，但走著走著還是有不少店鋪、寺院或神社是我在散步過程中偶然發現的，這讓我再次感受到京都是座深奧的城市。

請各位把我書中介紹過的路線、寺院神社或店鋪都僅當成參考，它們決不能代表一切，我說的不代表最好，更沒有級別評鑑這種東西。我只是想告訴大家，在京都還有很多很多美好的景點跟店家，如果只把目光停留在那些眾人已知的景點，那肯定會錯過一些好東西。

在大家都有意識避開人群的現在，正是享受，靜．京都的絕佳時機。錯開季節、地點和時間，來京都走一走吧！然後，找到那個只屬於你的，一個人的靜．京都。

靜・京都

作者	柏井壽	發行人兼社長	許悔之
譯者	呂盈璇	總編輯	林煜幃
		副總編輯	施彥如
封面攝影	林煜幃	美術主編	吳佳璘
封面設計	朱疋	執行主編	魏于婷
版型設計	兒日	行政專員	陳芃妤
內頁排版	華漢電腦排版有限公司		
責任編輯	魏于婷	策略顧問	黃惠美・郭旭原・郭思敏・郭孟君
		顧問	施昇輝・林志隆・張佳雯
藝術總監	黃寶萍	法律顧問	國際通商法律事務所／邵瓊慧律師

出版	有鹿文化事業有限公司
地址	台北市大安區信義路三段106號10樓之4
電話	02-2700-8388
傳真	02-2700-8178
網址	http://www.uniqueroute.com
電子信箱	service@uniqueroute.com
製版印刷	鴻霖印刷傳媒股份有限公司
總經銷	紅螞蟻圖書有限公司
地址	台北市內湖區舊宗路二段121巷19號
電話	02-2795-3656
傳真	02-2795-4100
網址	http://www.e-redant.com

ISBN：978-626-7262-16-0
EISBN：978-626-7262-26-9
初版一刷：2023年8月
初版二刷：2024年3月15日
定價：420元

國家圖書館出版品預行編目（CIP）資料

靜・京都 / 柏井壽著 ; 呂盈璇譯 . —— 初版 . —— 臺北市：有鹿文化事業有限公司，2023.08

面；公分 . —（看世界的方法；228）

ISBN 978-626-7262-16-0（平裝）

1.CST: 旅遊　2.CST: 日本京都市

731.75219　　112004764